CULINÁRIA **FUNCIONAL**

CULINÁRIA FUNCIONAL

Receitas especiais para pessoas diagnosticadas com câncer

Penny Brohn Cancer Care

Christine Bailey

PUBLIFOLHA

Nourish – Penny Brohn Cancer Care foi publicado originalmente no Reino Unido e na Irlanda em 2013 pela Duncan Baird Publishers, um selo da Watkins Publishing Limited, Sixth Floor, 75 Wells St, Londres W1T 3QH. Uma divisão da Osprey Group.

COORDENAÇÃO DO PROJETO: PUBLIFOLHA
Editora assistente: Mariana Zanini
Produtora gráfica: Samantha R. Monteiro

PRODUÇÃO EDITORIAL: PÁGINA VIVA
Edição: Rosi Ribeiro
Tradução: Laura Valente Schichvarger
Consultoria: Sonia Tucunduva Philippi
Assistente de consultoria: Priscila Koritar
Revisão: Mariana Nascimento, Juliana Prado
Diagramação: Bianca Galante, Priscylla Cabral

EDIÇÃO ORIGINAL: DUNCAN BAIRD PUBLISHERS
Gerente editorial: Grace Cheetham
Editor: Jan Cutler
Gerente de arte: Luana Gobbo
Produção: Uzma Taj
Fotografia: William Lingwood
Produção culinária: Emily Jonzen
Produção de objetos: Lucy Harvey

Dados Internacionais de Catalogação na Publicação (CIP)
(Câmara Brasileira do Livro, SP, Brasil)

Culinária funcional / [texto] Penny Brohn Cancer Care e [receitas] Christine Bailey ; [tradução Laura Valente Schichvarger]. – 1. ed. – São Paulo : Publifolha, 2013.

ISBN 978-85-7914-501-8

1. Câncer - Dietoterapia - Receitas 2. Câncer - Prevenção 3. Culinária (Receitas) 4. Nutrição I. Penny Brohn Cancer Care. II. Christine Bailey.

13-11369 CDD-641.5

Índices para catálogo sistemático:
1. Receitas para pessoas diagnosticadas com câncer : Culinária 641.5

Este livro segue as regras do Acordo Ortográfico da Língua Portuguesa (1990), em vigor desde 1º de janeiro de 2009.

Impresso na Asia Pacific Offset Inc., China.

PUBLIFOLHA
Divisão de Publicações do Grupo Folha
Al. Barão de Limeira, 401, 6º andar
CEP 01202-900, São Paulo, SP
Tel.: (11) 3224-2186/2187/2197
www.publifolha.com.br

Nota do editor:
Apesar de todos os cuidados tomados na elaboração das receitas deste livro, a editora original não se responsabiliza por erros ou omissões decorrentes da preparação dos pratos.

Pessoas com restrições alimentares, grávidas e lactantes devem consultar um médico especialista sobre os ingredientes de cada receita antes de prepará-la.

As informações contidas neste livro não excluem a consulta a um médico, endocrinologista e/ou nutricionista. Todas as decisões de cunho médico devem ser tomadas sob a orientação de um especialista.

Observações, exceto se orientado de outra forma:
- Use sempre ingredientes frescos
- O forno deve ser preaquecido na temperatura indicada na receita
- Use ovos, frutas e legumes de tamanho médio
- Use ingredientes orgânicos sempre que possível
- Use carne de animais alimentados com capim
- Use ovos orgânicos ou de galinhas criadas soltas
- Use caldo ou cubos de caldo de fabricação caseira, sem glúten, sem leite e derivados e com baixo teor de sal
- Use salmão de boa procedência

Equivalência de medidas:
- 1 colher (chá) = 5 ml
- 1 colher (sopa) = 15 ml
- 1 xícara (chá) = 250 ml

Algumas receitas apresentam alternativas saudáveis. Se possível, use os seguintes ingredientes onde especificado: óleo de coco para fritar e refogar; flocos de levedura; e cacau em pó cru no lugar de cacau em pó ou chocolate.

Os símbolos referem-se apenas às receitas, e não às sugestões de acompanhamento. Pinhole foi classificado como castanha. Mel, melado, xilitol e estévia foram classificados como açúcares. Verifique sempre a lista de ingredientes dos produtos para checar a presença de ingredientes que possam desencadear reações alérgicas.

Agradecimentos:
O Penny Brohn Cancer Care gostaria de agradecer à sua equipe: Wendy Burley, BA (Hons), DNTh, MBant, PGCert, terapeuta nutricional-chefe; dra. Catherine Zollman, MRCP, MRCGP, membro da equipe de medicina geral, médica-chefe; dra. Eleni Tsiompanou, MD, formada em história e filosofia da medicina, com mestrado em nutrição, médica geral. Um agradecimento especial aos fundadores: The Gerald Micklem Charitable Trust, The Cyril Corden Trust, The February Foundation, The Sir Charles Jessel Charitable Trust, The Coutts Charitable Trust. Obrigado também às equipes de nutrição e de serviços gerais e aos cozinheiros do Penny Brohn Cancer Care, que contribuíram para a criação do livro de receitas, e a todos aqueles que as testaram.

Sumário

LEGENDA

sem glúten	sem cereais
sem laticínios	sem adição de açúcar
sem soja	para vegetarianos
sem castanhas	para veganos

Nossa abordagem integral

Comer bem é uma maneira simples e poderosa de reforçar as defesas naturais do corpo contra o câncer. Temos como objetivo ajudá-lo a desfrutar de uma comida nutritiva e de um estilo de vida integral. Nosso conhecimento é baseado em uma experiência de mais de 30 anos ajudando a promover o bem-estar de pessoas diagnosticadas com câncer.

Desde 1980 o Penny Brohn Cancer Care tem apoiado milhares de pessoas a fazer mudanças simples no estilo de vida. Nossa abordagem, que ficou conhecida como "Abordagem de Bristol", é uma combinação poderosa de apoio físico, emocional, psicológico e espiritual projetada para ajudar pessoas afetadas pelo câncer em qualquer estágio da doença.

Trabalhando em sintonia com o tratamento médico, nossa filosofia incentiva os pacientes a construir sua própria capacidade de resistência e a estimular o poder inato do corpo em restaurar seu equilíbrio e bem-estar (o termo técnico para isso é homeostase). Nós somos o principal instituto do Reino Unido nessa área.

Quando Penny Brohn foi diagnosticada com câncer, em 1979, ela perguntou: "Existe alguma coisa que eu possa fazer para aumentar as minhas chances de ficar bem?" Isso abriu o caminho que a levou, com sua amiga Pat Pilkington, a fundar o instituto que é hoje conhecido como Penny Brohn Cancer Care. A intenção era criar uma abordagem integral para gerir o câncer – e esse continua a ser o nosso objetivo.

Este livro destina-se às pessoas afetadas pelo câncer, inclusive a família e os amigos – embora grande parte das informações possa ser utilizada por qualquer um, independentemente de idade ou estado de saúde. É uma prática fonte de receitas, inspiração e informação nutricional que pode aumentar suas chances de se manter bem.

Como uma abordagem integral afeta as células cancerosas?

O câncer é um grupo de doenças complexo. Existem muitos tipos diferentes, com várias causas. Cada tipo afeta o corpo de diferentes maneiras. Em resumo, cada câncer começa como uma célula normal que teve seu DNA danificado. Essa célula se divide rapidamente, multiplicando-se e invadindo áreas do corpo onde normalmente não seria encontrada.

O câncer é muitas vezes causado pelo dano dos radicais livres, o que cria um "estresse oxidativo" no organismo. Ele utiliza processos como a angiogênese (p. 13) para crescer e se propagar, e pode ser estimulado por certos ambientes do corpo, tais como uma inflamação.

A boa notícia é que o corpo é programado para se curar. O sistema imunológico é projetado para nos proteger de qualquer dano e tem glóbulos brancos especializados cuja função é detectar e destruir as células cancerosas. O desenvolvimento de um câncer depende do equilíbrio entre as células danificadas e a capacidade do sistema imunológico em detectá-las e destruí-las. Aprender a ativar seu sistema imunológico é um passo essencial para tornar seu corpo um ambiente menos propício ao câncer. Isso é de vital importância durante o tratamento, que muitas vezes reduz temporariamente a função imunológica.

O sistema imunológico é sensível a mudanças no estado físico, emocional e psicológico. Basta reparar que às vezes você parece contrair um resfriado à toa, especialmente quando está sob pressão ou não descansa o suficiente. Hoje, os cientistas provaram que as células brancas do sangue podem ser ativadas ou desativadas por substâncias químicas produzidas no organismo; por exemplo, a adrenalina e o cortisol, que as glândulas suprarrenais produzem quando você está estressado, são inibidores potentes do sistema imunológico; já as endorfinas – produzidas quando você se exercita – têm o efeito de estimulá-lo.

Felizmente, muitas das coisas que mantêm o sistema imunológico funcionando a contento também fazem você se sentir bem; portanto, é uma questão de ouvir seu corpo e encontrar o equilíbrio.

Comer bem e fazer exercícios regularmente, administrar o estresse e as emoções e estar próximo das pessoas e coisas que realmente importam na vida são ótimas maneiras de aumentar o seu bem-estar.

Mudar o estilo de vida pode de fato alterar o crescimento do câncer?

Pesquisadores que estudaram abordagens integrais descobriram que, quando as pessoas

OS PRIMEIROS PASSOS PARA UMA ABORDAGEM INTEGRAL

- Coma mais frutas, verduras, legumes e alimentos integrais, e menos alimentos processados.
- Planeje uma rotina com algum tipo de exercício de 30 minutos de duração, cinco vezes por semana.
- Identifique as principais fontes de estresse em sua vida e, se elas não puderem ser alteradas, faça uma meditação consciente ou um relaxamento regular para ajudar a minimizar os efeitos do estresse na sua saúde.
- Certifique-se de ter apoio para expressar suas emoções quando você precisar; por exemplo, uma enfermeira especialista em câncer, seu médico ou um psicólogo, um grupo de apoio, os amigos ou a família, ou então por meio de um fórum on-line ou um diário.
- Faça todos os dias pelo menos uma coisa que melhore significativamente seu humor ou o aproxime do que você considera importante.

comem de maneira mais saudável, fazem exercícios regularmente e prestam mais atenção em como lidar com o estresse e as emoções, podem tornar o câncer menos ativo e até mesmo fazê-lo diminuir de tamanho. As evidências confirmam os benefícios de tais mudanças no estilo de vida e seu poder de aumentar as chances de sobrevivência de pessoas com câncer.

Esses resultados não sugerem de maneira alguma que os tratamentos médicos são dispensáveis – a abordagem integral pode funcionar ainda mais quando combinada com o tratamento convencional –, mas eles enfatizam os benefícios potenciais dessa abordagem para as pessoas que recebem um diagnóstico de câncer.

Você, a comida e *Culinária funcional*

Para muitas pessoas, melhorar a dieta é o primeiro passo na gestão do câncer, e este livro vai ajudá-lo a fazer isso. Nossa abordagem vai muito além do que você come. As vantagens de comer bem dependem de muitas coisas; se você sempre come com pressa, por exemplo, o fluxo sanguíneo será desviado para longe dos órgãos digestórios, de modo que, mesmo que coma de forma saudável, seu corpo não será capaz de aproveitar os alimentos tão bem quanto poderia, reduzindo alguns dos benefícios nutricionais. Da mesma forma, se a preocupação com a saúde está causando insônia ou brigas com a família, ou se você não faz exercícios, o benefício da boa alimentação pode ser reduzido. Além disso, se está cansado, estressado ou deprimido, é provável que gaste menos tempo cozinhando e fique mais propenso a procurar petiscos, que tendem a ser ricos em açúcar, sal e gorduras nada saudáveis – exatamente os alimentos que prejudicam a capacidade do corpo de curar a si mesmo.

Este livro pretende ajudar você a adotar uma alimentação saudável como um estilo de vida. Nós o conduziremos passo a passo pela nossa abordagem, explicando por que as combinações de alimentos sugeridas fazem a diferença na forma como seu corpo lida com as células cancerosas e nos tratamentos contra o câncer, em cada fase. Em "A ligação entre dieta e câncer" (p. 12) nós explicaremos a ciência por trás dessa abordagem e o que isso significa para você em termos práticos. Em "Como se alimentar bem" (p. 36), há dicas sobre como planejar, preparar e comer suas refeições de uma maneira descontraída. Há também sugestões para manter uma digestão ideal e obter o máximo dos alimentos ingeridos.

Esperamos que, ao ler e usar *Culinária funcional*, você se sinta inspirado a experimentar novas ideias, novos alimentos e novas formas de comer. Você vai aprender como aumentar sua resistência ao câncer e, ao escolher entre as muitas receitas aqui selecionadas, garantirá que as refeições se tornem uma oportunidade diária de apoio a si mesmo para viver bem e ficar bem.

Bon appétit!

Comer bem, viver bem – alimentos naturais e o câncer

Nesta seção apresentaremos a base da nossa filosofia no Penny Brohn Cancer Care e os conceitos que adotamos para viver bem com o câncer e gerenciar efeitos colaterais que podem surgir durante o tratamento. Você encontrará informações sobre alimentação e como isso pode ajudar seu corpo. Também listamos as propriedades benéficas de ingredientes variados que recomendamos que você coma com frequência. Elaborados para prover nutrientes essenciais, os cardápios diários no final da seção vão ajudá-lo a decidir quais combinações você prefere, usando as receitas do livro.

Na página ao lado: Sardinha assada com coco e limão (p. 80)
Acima: Salada de couve com sementes tostadas (p. 86)

A ligação entre dieta e câncer

O câncer é cada vez mais comum, e estima-se que 50% das pessoas serão diagnosticadas com a doença em algum momento da vida. Especialistas do Fundo Mundial de Pesquisa do Câncer e do Instituto Americano para Pesquisa do Câncer intensificaram as investigações em 2007 e chegaram à conclusão de que a dieta é o fator que mais contribui para esse enorme aumento. É provável que ela seja responsável por 35% de todos os cânceres – risco ainda maior do que o tabagismo. As diretrizes para uma dieta saudável são claras: ter como objetivo ficar em forma, mas sem estar abaixo do peso; evitar bebidas adoçadas; comer alimentos integrais saudáveis e variados, principalmente de origem vegetal; comer menos carne vermelha e processada; e limitar o consumo de álcool e a ingestão de sal.

Para entender por que a dieta faz tanta diferença, vamos conhecer um pouco sobre como o câncer se desenvolve. Ele tira proveito dos ambientes insalubres do corpo e utiliza processos sofisticados para se espalhar. Alguns desses ambientes e processos são explicados abaixo, bem como de que maneira uma comida saudável pode ajudar a protegê-lo.

Por que é importante evitar inflamações

Inflamação, inchaço ou vermelhidão persistente criam um ambiente que promove o câncer em todas as fases de desenvolvimento do tumor, e por isso os alimentos que permitem minimizar esse efeito são muito importantes. Se você incluir na sua dieta mais ácidos graxos ômega 3 (encontrados em peixes gordurosos) e ingerir menos ácidos graxos essenciais ômega 6 (encontrados em óleos de cozinha poli-insaturados – como o de girassol e de outros vegetais – e em margarinas e alimentos processados), isso ajuda o corpo a reduzir inflamações. Fibras, vitaminas e outros antioxidantes encontrados em frutas, legumes, verduras e grãos integrais também podem auxiliar. Além disso, pesquisas recentes mostram que os ácidos graxos ômega 3 podem ser capazes de aumentar o efeito anticâncer do tamoxifeno, droga usada contra o câncer de mama.

Por outro lado, as gorduras trans (encontradas em alimentos processados) e os ácidos graxos ômega 6 em excesso podem estimular a inflamação. Eles não só contribuem para o aparecimento do câncer como também podem colaborar para doenças cardíacas, aterosclerose, síndrome metabólica e outras condições crônicas.

Além disso, alimentos com índice glicêmico (IG) e carga glicêmica (CG) altos criam um ambiente pró-inflamatório no organismo. O índice glicêmico e a carga glicêmica são formas de medir a rapidez com que os carboidratos presentes nos alimentos são quebrados para gerar glicose no sangue. Pão branco, arroz branco (com exceção do arroz basmati), a maioria dos cereais matinais e alimentos que contenham açúcar são alguns dos itens com IG e CG elevados. Todos eles tornam as inflamações mais prováveis e/ou mais fortes.

Como a maioria das pessoas gosta de açúcar, pode ser difícil aceitar que, quando em excesso, ele pode ser prejudicial à saúde. No entanto, há várias ligações entre o açúcar, as inflamações e o crescimento do câncer (veja também "O efeito do desequilíbrio hormonal e a resistência à insulina", p. 14), razão pela qual reduzir o consumo do açúcar é um passo importante para proteger o seu bem-estar.

A vitamina D é considerada crucial para reduzir a inflamação no corpo. Ela é produzida principalmente pela ação da luz solar na pele, sem excessos. Entre os alimentos ricos em vitamina D estão peixes gordurosos, mariscos, gema de ovo, cogumelos e manteiga.

Alimentos que controlam o crescimento de células cancerosas

As células cancerosas usam a angiogênese (criação de novos vasos sanguíneos) para conseguir o oxigênio e os nutrientes de que elas precisam para crescer. A angiogênese é um processo que ocorre naturalmente no corpo, mas em uma situação cancerosa a taxa de formação de novos vasos sanguíneos é anormalmente rápida. Cientistas descobriram que certos alimentos naturais ajudam a impedir a criação de novos vasos sanguíneos e estão testando sua eficácia para um uso terapêutico em potencial. Ao incluir na dieta alimentos como cebola, alho, soja, crucíferas (repolho, brócolis, couve-flor), frutas cítricas, especiarias, chá-verde e muitas ervas aromáticas, você se beneficia de suas propriedades antiangiogênicas, contribuindo para diminuir a criação de novos vasos sanguíneos que ajudam no crescimento das células cancerosas.

Retardando a divisão celular

As células cancerosas tendem a se multiplicar rapidamente, mas alguns alimentos são capazes de impedir essa proliferação, interferindo no processo de divisão celular; por exemplo, o indol-3-carbinol (I3C) impede a divisão das células cancerosas ao inibir uma enzima chamada elastase. O I3C é encontrado em vegetais como repolho, couve-flor e brócolis – portanto, comer esse tipo de ingrediente diminui a velocidade com que as células cancerosas se multiplicam.

Nossos genes respondem ao nosso estilo de vida

É comum acreditar que os nossos genes determinam o risco de desenvolver câncer e que isso está codificado em nosso DNA desde o nascimento. Na verdade, apenas 5%-10% dos cânceres são causados por fatores hereditários. Estudos de um ramo relativamente novo da biologia, chamado epigenética, mostram como os genes que herdamos são afetados pelo estilo de vida, pelas escolhas alimentares e por eventos pessoais. Isso ilustra como os genes não são sempre determinantes e que as escolhas que fazemos quanto ao estilo de vida podem ser muito poderosas para controlá-los. Uma dieta rica em ácido fólico, por exemplo, encontrado em folhas verdes, ajuda a promover processos epigenéticos saudáveis e a impedir a formação e propagação de células cancerosas.

O efeito do desequilíbrio hormonal e a resistência à insulina

O crescimento do câncer também pode ser estimulado por desequilíbrios hormonais. Isso é mais evidente em cânceres sensíveis a hormônios, como o câncer de mama e de próstata. Estar acima do peso ou ser obeso aumenta o risco desses tipos de câncer, assim como outros, incluindo o do endométrio, cólon, pâncreas e rim.

A obesidade também induz a uma resistência à insulina: é quando o corpo já não tolera os altos níveis de glicose e faz subir os níveis de insulina. Esse hormônio é um fator de crescimento para muitas células, especialmente aquelas do cólon. E, se essas células crescem fora de controle, elas podem se tornar cancerosas. Em estágios avançados do câncer, a resistência à insulina contribui para a perda de peso e a sensação de fraqueza.

Ter um peso saudável é um passo importante para se proteger de cânceres sensíveis a hormônios, da resistência à insulina e de outras doenças crônicas.

Os efeitos prejudiciais do estresse no corpo

A produção de radicais livres é uma reação química normal do corpo; no entanto, nós vivemos em um mundo que promove o excesso de produção de radicais livres: o fumo e a ingestão de bebidas alcoólicas, bem como a poluição ambiental e o estresse, são só alguns dos fatores que facilitam sua formação. Quando o corpo está em contato com muitos radicais livres, ele fica incapaz de limitar o dano celular que todos eles causam, e isso se acumula ao longo do tempo. O resultado é conhecido como estresse oxidativo, o que pode levar à iniciação e ao desenvolvimento do câncer. Estudos mais recentes sugerem que as células cancerosas podem também criar estresse oxidativo deliberadamente em torno delas para destruir as células normais e roubar seus nutrientes em benefício próprio.

Antioxidantes são substâncias químicas que "limpam" os radicais livres e reduzem seus efeitos prejudiciais. O dano dos radicais livres no corpo pode ser limitado com a inclusão de alimentos ricos em antioxidantes, tais como as vitaminas C e E, e os minerais zinco e selênio. Alimentos de origem vegetal são a melhor fonte desses nutrientes: legumes, verduras, frutas, cereais integrais e castanhas. Zinco e selênio também são encontrados em carnes e frutos do mar.

Nossa abordagem para uma alimentação saudável

No centro da abordagem do Penny Brohn Cancer Care para uma alimentação saudável está a crença de que os alimentos em seu estado mais natural são os melhores. Uma dieta integral, focada em ingredientes frescos e não processados, é uma das bases da vida saudável. Recomendamos uma dieta baseada principalmente em alimentos como: legumes, verduras, frutas, cereais integrais, castanhas, sementes, ervas e especiarias. Recomendamos também alguns produtos de origem animal, mas em quantidade menor.

Orgânico ou não?

Se puder, dê preferência a alimentos de origem animal e vegetal produzidos de maneira orgânica. Duas boas razões para comer orgânicos são que eles têm níveis mais baixos de resíduos potencialmente perigosos e, de acordo com pesquisas científicas, têm maior quantidade de nutrientes benéficos. Os alimentos orgânicos tendem a ser mais caros e mais difíceis de encontrar, de modo que você pode querer combinar orgânicos e não orgânicos a cada refeição. O importante é comer uma boa variedade de alimentos integrais.

Noções básicas sobre os alimentos, em poucas palavras

Os princípios de uma dieta para prevenir o câncer são resumidos em equilíbrio, variedade, cor e moderação. Coma uma boa variedade de alimentos de grupos diferentes e escolha opções diferentes dentro desses grupos – a cor da comida é uma boa indicação do seu valor nutricional. Quanto mais variedade de cor, maior o valor dos nutrientes.

Escolha o que colocar no prato

Pode ser que seu prato fique bem diferente do que você estava acostumado. Boa parte de um prato saudável deve ser de legumes e verduras e incluir alguns outros alimentos de origem vegetal (frutas, cereais integrais, leguminosas, castanhas e sementes). Deve conter proteína, seja como produto de origem animal, seja de leguminosas, como o feijão. Proteínas são importantes para construir e manter todas as células do corpo, e as proteínas dos alimentos ajudam ainda a regular a liberação do açúcar na corrente sanguínea. Você

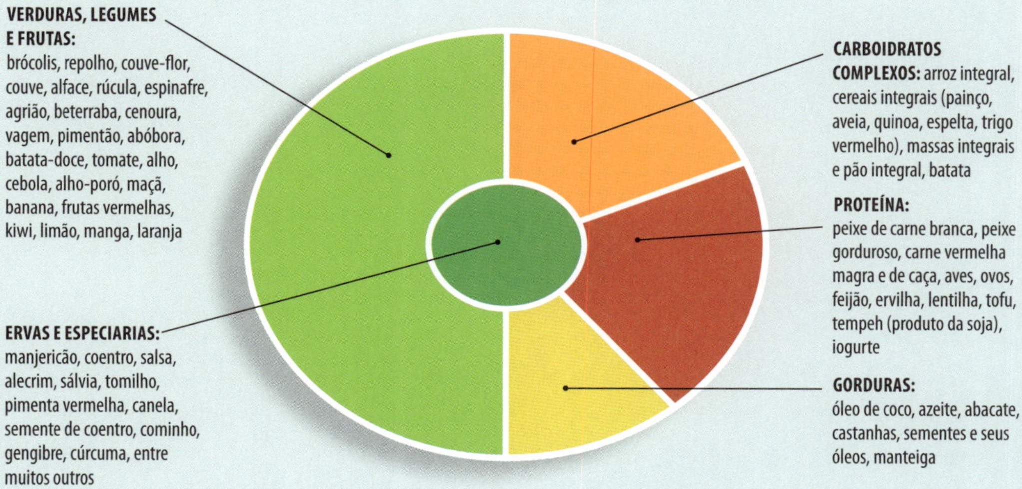

também precisa de gorduras saudáveis, que devem ser consumidas na forma de óleos vegetais, nozes e sementes. E, finalmente, se você adicionar algumas ervas e especiarias ao seu prato, vai aumentar o sabor dos alimentos e tirar proveito dos benefícios que elas podem trazer à saúde.

Uma guloseima aqui e ali

Se você seguir as orientações alimentares descritas aqui 90% do tempo, uma guloseima não vai doer. Muita gente acha que, depois de comer alimentos saudáveis por um tempo, seu gosto muda e elas passam a preferir sempre as opções saudáveis. Talvez você não se sinta mais tão tentado a comer guloseimas como antes.

Quem manda é você

As diretrizes básicas e gerais nas páginas seguintes estão aqui para ajudá-lo a avaliar sua própria ingestão alimentar e a julgar se é necessário aumentar a quantidade de algum tipo de alimento e reduzir a de outro. Certos alimentos podem ser mais importantes em algumas ocasiões, enquanto outros serão mais atraentes em outros momentos; pode ser preciso adaptar suas refeições para manter um bom equilíbrio.

Para consumir todo dia

Planeje comer os seguintes alimentos no dia a dia e inclua uma boa variedade daqueles listados na tabela "O poder dos alimentos" (pp. 24-9).

LEGUMES, VERDURAS E FRUTAS Vários estudos demonstram que legumes, verduras e frutas são eficazes contra o câncer. Eles também contêm substâncias que ajudam na saúde em geral, como fibras, vitaminas, minerais e fitonutrientes.

Recomendamos consumir pelo menos três porções de legumes frescos e três porções de frutas todos os dias. Escolha uma gama de verduras, legumes e frutas de cores variadas, para garantir a ingestão de todos os fitonutrientes importantes. Uma maneira simples de estimar o tamanho de uma porção é pensar a quantidade de um vegetal ou fruta que caiba no espaço entre suas duas mãos unidas em concha.

PROTEÍNA Um dos papéis vitais que as proteínas têm na dieta é ajudar o corpo a se autorregenerar. As células podem ser danificadas por doenças, ferimentos, cirurgias e até mesmo durante o tratamento, portanto, obter proteína em quantidade suficiente por meio da alimentação é essencial. Seu corpo também precisa de proteínas para manter um sistema imunológico saudável e prevenir infecções.

Recomendamos o consumo de alguma proteína a cada refeição. Em média, indicamos produtos de origem animal uma vez por dia – ovos ou uma porção de carne, ave ou peixe do tamanho da palma da mão. Produtos de origem animal são boas fontes de proteína, especialmente a carne branca, a carne vermelha magra ou de caça, peixe e ovos. O ideal é ingerir várias proteínas de origem animal e vegetal, pois elas têm propriedades diferentes. Se você optar por uma dieta vegetariana, procure consumir fontes de proteína vegetal regularmente – leguminosas, nozes e sementes – e grãos ricos em proteína, como a quinoa.

LEGUMINOSAS As leguminosas incluem feijões, lentilhas, ervilhas, soja e grão-de-bico. Elas contêm um alto de proteína em comparação com outros alimentos vegetais, e também são boas fontes de fibra, vitaminas, minerais e fitonutrientes, incluindo fitoestrogênios.

Recomendamos uma variedade de leguminosas bem cozidas ou em broto – leguminosas germinadas oferecem mais benefícios nutricionais. Diminua a quantidade de feijão se o seu sistema digestório for sensível.

CEREAIS INTEGRAIS Cereais não refinados, ou cereais integrais, contêm fibras, vitaminas do complexo B, vitamina E e uma ampla gama de minerais e gorduras essenciais.

Recomendamos uma variedade de grãos integrais, como quinoa, painço, cevada, trigo-sarraceno e centeio, bem como espelta (com menos glúten que o trigo), trigo, arroz e aveia. Se você não come produtos animais, combine grãos com leguminosas.

GORDURAS SAUDÁVEIS Seu corpo precisa de gorduras para absorver alguns nutrientes, como vitaminas lipossolúveis e minerais. Elas também auxiliam a função cerebral e melhoram a resistência à insulina. Gorduras saudáveis estão presentes no azeite, no óleo de coco (de preferência prensados a frio, porque o processamento em excesso danifica a gordura), castanhas e sementes, bem como alguns vegetais de folhas verdes. Produtos de origem animal também contêm gorduras saudáveis. Peixes gordurosos são uma boa fonte de ácidos graxos ômega 3.

Recomendamos o consumo tanto de gorduras insaturadas como saturadas, embora as gorduras saturadas encontradas em carnes e leite e derivados integrais devam ser ingeridas em menor quantidade do que as gorduras insaturadas, encontradas em nozes, sementes e peixes gordurosos. Como a dieta ocidental é geralmente deficiente em ômega 3, procure consumir alimentos ricos nessa substância diariamente: linhaça e nozes e seu óleo, óleo de peixe, peixes como sardinha e salmão.

Os óleos podem ser danificados quando aquecidos a temperaturas elevadas, e só devem ser aquecidos o mínimo possível. As gorduras saturadas (como a de coco e as gorduras animais) e as monoinsaturadas (como o azeite) são mais estáveis durante o aquecimento.

Embora a manteiga seja uma gordura saturada, ela é muito menos processada do que qualquer tipo de margarina ou requeijão com baixo teor de gordura e, consumida com moderação, pode fazer parte de uma dieta saudável.

ERVAS E ESPECIARIAS Temperos naturais na forma de ervas e especiarias são uma fonte rica de fitonutrientes e possuem propriedades poderosas, como substâncias antioxidantes e anti-inflamatórias.

Recomendamos utilizar ervas e especiarias variadas no dia a dia. Alguns exemplos são: alho, gengibre, pimentas frescas, cúrcuma, alecrim, hortelã e tomilho. Procure comprá-las frescas ou secas e use-as em saladas, pratos quentes ou mesmo na forma de chá.

Para consumir em quantidades moderadas

CARNE VERMELHA Nutrientes importantes, entre eles as vitaminas do grupo B e os minerais (especialmente o ferro), são encontrados na carne vermelha. Há evidências de que o excesso de carne vermelha pode aumentar o risco de alguns cânceres, mas não há nenhum risco à saúde associado a uma ingestão moderada de carne vermelha não processada.

Recomendamos comer apenas pequenas porções de carne vermelha – aproximadamente o quanto caberia na palma da sua mão. Prefira carne orgânica ou de gado alimentado somente com pasto, se puder, já que a qualidade dos nutrientes é muito melhor.

LATICÍNIOS Com ampla gama de vitaminas e minerais, os leites e derivados são uma boa fonte de proteínas e gorduras saudáveis. No entanto, alguns pesquisadores questionam se eles são adequados a pessoas com câncer, especialmente aqueles ligados a questões de hormônio. Estudos mostram que leites e derivados são um fator de risco para o câncer de próstata, embora haja pouca pesquisa que examine o efeito desses alimentos na saúde dos sobreviventes desse câncer. Algumas pessoas sentem que, após o tratamento anticâncer, os leites e derivados atrapalham a digestão.

Nós recomendamos, para pessoas com câncer de próstata e aquelas com dificuldade de digerir o leite, que consumam uma quantidade mínima de leites e derivados. Para outros, manteiga e iogurte integral e orgânico podem ser ingeridos, com quantidades mínimas de leite ou queijo. Talvez você ache os produtos feitos com leite de cabra ou de ovelha mais fáceis de digerir.

DERIVADOS DA SOJA Alimentos feitos de soja são parte importante das dietas asiáticas tradicionais (por exemplo, na forma de tofu, missô ou tempeh), mas relativamente novos na dieta ocidental. Como alguns outros alimentos de origem vegetal, eles contêm fitoestrógenos; no entanto, a soja também contém alguns compostos menos benéficos, muitas vezes chamados de "antinutrientes", que podem interferir na absorção dos bons nutrientes.

Se você deseja consumir soja, recomendamos que escolha as versões produzidas de modo orgânico e não industrial, como o tofu, o missô, o tempeh e o natô, que tendem a ter níveis mais baixos de antinutrientes.

Para consumir em quantidades mínimas

Esses alimentos trazem pouco ou nenhum benefício à saúde e é melhor que sejam consumidos raramente ou evitados.

CEREAIS E AÇÚCARES REFINADOS Produtos feitos com grãos refinados, como a farinha branca e o arroz branco, perdem muito do seu valor nutricional natural no processo de refinamento, incluindo as fibras. Comer esses carboidratos refinados leva a um aumento rápido do açúcar no sangue.

Recomendamos evitar cereais refinados e alimentos açucarados tanto quanto possível. Frutas frescas ou secas e alguns legumes e verduras são naturalmente doces e podem ser usados para fazer pudins, bolos e biscoitos saudáveis.

GORDURAS RUINS/DANIFICADAS Gorduras que foram danificadas devido a muito processamento são especialmente ruins; as gorduras trans são um exemplo. Elas são encontradas principalmente nos óleos vegetais parcialmente hidrogenados, que são usados em maioneses, bolos, biscoitos, doces e frituras à venda no comércio.

Recomendamos evitar os alimentos processados e gordurosos. Em vez disso, prepare bolos, biscoitos e doces em casa usando manteiga ou óleos vegetais como o de oliva e de coco. Não aqueça o óleo a temperaturas muito altas, pois isso pode oxidá-lo e danificar a estrutura da gordura, embora os óleos de coco e de canola sejam mais estáveis em altas temperaturas.

CARNES PROCESSADAS Estudos indicam que uma ingestão alta de carnes processadas aumenta o risco de desenvolver alguns tipos de câncer. Entre as carnes processadas estão hambúrgueres e salsichas, salame, bacon e outras carnes defumadas ou curadas.

Recomendamos minimizar o consumo de carne processada. Se comer de vez em quando, prefira os produtos de origem orgânica.

ALIMENTOS ASSADOS, GRELHADOS E FRITOS Há evidências de que ingerir uma grande quantidade de alimentos feitos na churrasqueira, grelhados, assados ou fritos pode aumentar o risco de certos tipos de câncer; no entanto, não faz mal consumi-los de forma ocasional.

Recomendamos que quando você cozinhar alimentos dessa maneira, especialmente carne, não permita que eles entrem em contato direto com a chama e não os deixe dourar demais ou queimar.

Sal

Se alimentos processados constituem grande parte da sua dieta, você provavelmente come sal demais, o que pode perturbar o equilíbrio delicado dos minerais no organismo. Alimentos integrais, frescos e não processados são naturalmente pobres em sal. Você pode usar um pouco de sal marinho de boa qualidade para dar mais gosto à comida. Além disso, use ervas, especiarias, alho, cebola, cogumelos secos, tomates secos e suco de limão para realçar ainda mais o sabor. Algas também dão sabor e são uma fonte valiosa de iodo, o que muitas vezes falta na dieta moderna.

Água

Beber bastante água para ficar bem hidratado é uma parte importante de uma dieta saudável. A melhor maneira de fazer isso é beber regularmente ao longo do dia. Um adulto médio precisa de 1,5 litro/seis copos a 2 litros/oito copos de líquido por dia. Se você é muito ativo fisicamente ou o clima estiver quente, você pode precisar de ainda mais. Água, chás de ervas e sucos vegetais frescos podem contar na ingestão de líquidos, mas mantenha sucos de frutas, refrigerantes, bebidas com cafeína e álcool em quantidades mínimas.

Seguir em frente

Suas necessidades na dieta podem mudar com o tempo, já que a saúde, o estilo de vida e o humor também mudam. Alguns alimentos podem apetecer em um certo momento, mas não em outro. Com as receitas e informações deste livro, você consegue escolher opções saudáveis e ter certeza de que vai ficar satisfeito, sentir prazer e ajudar seu corpo.

ALIMENTOS PARA CONSUMIR TODO DIA	ALIMENTOS PARA CONSUMIR EM QUANTIDADES MODERADAS	ALIMENTOS PARA CONSUMIR EM QUANTIDADES MÍNIMAS
Legumes, verduras e frutas	Carne vermelha	Cereais e açúcares refinados
Alimentos ricos em proteínas	Leite, queijos e iogurtes	Gorduras ruins ou danificadas
Leguminosas	Derivados da soja	Carnes ou alimentos processados
Cereais integrais		Alimentos dourados demais, grelhados e feitos na churrasqueira
Gorduras saudáveis		Sal
Ervas e especiarias		
BEBIDAS		
Água	Café	Álcool

O poder dos alimentos – onde encontrar os nutrientes de que você precisa

Muitas das substâncias naturais encontradas em alimentos integrais têm ação comprovada contra o câncer. Combiná-los em uma refeição ajuda a aumentar suas propriedades benéficas.

Se você está em tratamento contra o câncer, em recuperação ou quer prevenir o aparecimento ou recorrência da doença, comer alimentos ricos em substâncias naturais deve ser uma parte crucial do seu dia a dia. A tabela a seguir traz exemplos desses alimentos, as substâncias que eles contêm e alguns dos possíveis benefícios à saúde.

ALIMENTOS	ALGUMAS DAS SUBSTÂNCIAS NATURAIS	POSSÍVEIS BENEFÍCIOS
Alho, alho-poró, cebola, cebolinha	Alicina, aliina e a enzima alinase. Dialil sulfeto e S-alil-cisteína. O flavonoide quercetina	Podem conter o crescimento de células cancerosas ou tumores e proteger contra o câncer de estômago e de cólon. Podem inibir o câncer de mama, de fígado e de cólon. Ajudam a reduzir os efeitos colaterais da radioterapia. Antioxidantes e antimicrobianos potentes. A quercetina é um antioxidante que pode proteger contra cânceres hormonais. Apoio ao sistema imunológico
Frutas cítricas: limão, laranjas, lima-da-pérsia, grapefruit; aipo	Bioflavonoides, como o ácido elágico, a hesperidina e a rutina. Limonoides e vitamina C	Antioxidantes e anti-inflamatórios. Ajudam o sistema imunológico e inibem o crescimento de tumores

ALIMENTOS	ALGUMAS DAS SUBSTÂNCIAS NATURAIS	POSSÍVEIS BENEFÍCIOS
Crucíferas (verduras e legumes): brócolis, couve-de-bruxelas, repolho, couve-flor, raiz-forte, couve, folha de mostarda, rabanete, espinafre, wasabi, agrião	Carotenoides, indol-3-carbinol, sulforafano, vitaminas C, E e K	Interrompem a formação e o crescimento de tumores. Promovem a morte de células cancerígenas. Antioxidantes e anti-inflamatórios
Cogumelos: champignon, portobello, shimeji, cordyceps, maitake, reishi, shiitake	Lentiana, polissacarídeos	O shiitake contém polissacarídeos beta-glucan 1:3, que estimulam a imunidade e destroem as células cancerosas. Os cogumelos reishi, cordyceps e maitake ativam o sistema imunológico para identificar e destruir células cancerosas
Legumes e frutas de cor laranja ou amarela: damasco, cenoura, manga, pimentão, abóbora, batata-doce, melancia	Carotenoides, especialmente betacaroteno, luteína, licopeno	Efeito de reforço imunitário. Inibem a formação de células cancerosas e são antioxidantes potentes. Alguns estudos demonstram que suplementos de betacaroteno podem reduzir o risco de câncer em 40% (no entanto, fumantes não devem tomar complementos de betacaroteno sintético)
Legumes, verduras e frutas de cor vermelha: açaí, berinjela, beterraba, mirtilo, cereja, cranberry, figo, uva, romã, framboesa, repolho-roxo, ameixa vermelha, morango	Antocianinas, ácido elágico, flavonoides, proantocianidinas oligoméricas, resveratrol	Protegem contra danos no DNA. Reduzem a taxa de crescimento e provocam a morte das células cancerígenas. Têm atividade antiestrogênio, são anti-inflamatórios e promovem a atividade imunológica. Muitas dessas substâncias têm ação comprovada no tratamento dos cânceres de próstata e de mama

ALIMENTOS	ALGUMAS DAS SUBSTÂNCIAS NATURAIS	POSSÍVEIS BENEFÍCIOS
Tomates	Carotenoides, licopeno, vitamina C	Inibem a formação de tumores e a atividade carcinogênica. A Harvard Medical School descobriu que comer dez porções por semana pode reduzir o risco de câncer de próstata em 40%. A gordura auxilia a absorção do licopeno
Feijões e demais leguminosas	Fibras, isoflavonas, fitoestrógenos	Inibem a formação de tumores. Podem proteger contra certos cânceres hormonais, como de mama e próstata. Reduzem o risco de aterosclerose, doenças cardíacas e osteoporose
Peixes gordurosos: anchova, carapau, arenque, salmão, sardinha e truta	Ácidos graxos ômega 3, vitamina D	Anticancerígenos e anti-inflamatórios. Regulam o sistema imunológico. Retardam o crescimento de tumores e impedem sua propagação. Eficazes contra cânceres hormonais. Evite comer peixes maiores, como cação, peixe-espada, marlim e atum
Miúdos, especialmente rins e fígado	Vitaminas do complexo B, ferro, selênio, vitamina D	Aumentam a energia e a circulação de oxigênio. Antioxidantes. O selênio pode proteger contra certos tipos de câncer, como o de mama e o de próstata
Soja	Genisteína, isoflavonas; excelente fonte de proteína completa para substituir a carne	Repara os tecidos e pode ajudar a equilibrar os hormônios. Se possível, utilize o alimento inteiro para obter as isoflavonas, em vez de um suplemento isolado. Prefira soja orgânica, não transgênica, de preferência fermentada

ALIMENTOS	ALGUMAS DAS SUBSTÂNCIAS NATURAIS	POSSÍVEIS BENEFÍCIOS
Vinagre de maçã	Ácido málico, pectina, potássio	Ajuda a saúde digestiva e a secreção de enzimas digestivas. Diminui o índice glicêmico das refeições
Manteiga, ghee (manteiga clarificada)	Ácido butírico, ácido linoleico conjugado (CLA), vitaminas A e D	Melhoram a saúde intestinal. O CLA tem ação comprovada no combate a células cancerosas
Coco: polpa, óleo, água e leite	Ácido caprílico, ácido láurico, triglicerídios de cadeia média	Propriedades antimicrobianas e anticancerígenas. Fáceis de digerir
Alimentos fermentados: iogurte, missô, chucrute	Bactérias saudáveis (probióticos)	Ajudam a digestão, o sistema imunológico e a saúde intestinal
Semente de linhaça e seu óleo, castanhas, sementes, cereais integrais	Lignanas, magnésio, fitoesteróis	Regulam a atividade do estrogênio e melhoram a função imunológica. Atividade antioxidante, antibacteriana, antiviral e antifúngica
Azeite de oliva e óleo de abacate	Ácido oleico, ácidos graxos ômega 9	Controlam os níveis de açúcar no sangue. Antioxidantes, limpam os radicais livres
Algas marinhas: nori, dulse, kombu, wakame	Fucoidana, iodo	Fucoidanos são polissacarídeos (moléculas como o amido) com propriedades anti-inflamatória e antiviral. Eles promovem a função imunológica e podem reduzir o risco de câncer de mama. O iodo ajuda o funcionamento da tireoide e melhora o metabolismo
Chá (matchá, branco, verde, preto), chocolate amargo	Polifenóis, como as catequinas, incluindo galato de epigalocatequina (EGCG)	Antioxidantes, anti-inflamatórios e antiangiogênicos. Regulam a atividade hormonal e promovem a função imunológica

ERVAS E ESPECIARIAS	ALGUMAS DAS SUBSTÂNCIAS NATURAIS	POSSÍVEIS BENEFÍCIOS
Manjericão, hortelã, orégano, alecrim, tomilho	Óleos essenciais da família do terpeno	Reduzem a propagação das células cancerígenas, bloqueando enzimas necessárias para invadir outros tecidos
Coentro	Folhas, óleos essenciais em sementes	Ajuda o sistema digestório. Anti-inflamatório e antimicrobiano
Erva-doce	Compostos de cumarina, tais como anetol	Reduz inflamações influenciando a sinalização celular
Salsa	Carotenos, clorofila, ácido fólico, ferro, vitamina C	Inibe as propriedades cancerígenas dos alimentos fritos. Estimulante dos nervos, útil em bebidas energéticas
Hortelã	Álcool perílico, também contém ácido rosmarínico	Inibe o crescimento de tumores e é um poderoso antioxidante
Sálvia	Flavonoides, ácido rosmarínico	Tem o efeito de reduzir o açúcar no sangue. Antimicrobiano e antifúngico
Pimentas frescas	Capsaicina	Antimicrobianas. Podem ser particularmente eficazes contra certos tipos de câncer de pele
Canela	Óleos essenciais da casca, como o acetato de cinamilo	Ajuda a equilibrar o açúcar no sangue, combate a insônia e otimiza a circulação
Cravo	Betacariofileno, eugenol	Pode prevenir cânceres do trato digestório. Oferece proteção contra a poluição ambiental. Usado no tratamento de articulações inflamadas. É um anestésico leve

ERVAS E ESPECIARIAS	ALGUMAS DAS SUBSTÂNCIAS NATURAIS	POSSÍVEIS BENEFÍCIOS
Gengibre	Gingerol	Anti-inflamatório, estimula a digestão e alivia o trato intestinal. Promove a circulação
Açafrão	Carotenoides, dimetilcrocetina, safranal	Aumenta a imunidade anticancerígena, é antioxidante e antidepressivo
Cúrcuma	A curcumina é o principal componente ativo nesse tempero que é parte do curry	Atividade antioxidante e anti-inflamatória, estimula a morte das células do câncer (apoptose)

Essa é apenas uma seleção de alimentos integrais e seus benefícios, e mostra quantos deles contêm propriedades saudáveis naturais. Não se sinta obrigado a comer alimentos específicos apenas por suas propriedades se o gosto deles não o agrada. Deixe-se guiar sempre pelo paladar e inclua seus alimentos favoritos, assim como os que você mais gostar na lista apresentada. Da mesma forma que adotamos uma abordagem integral para nosso bem-estar, também devemos adotar uma abordagem sinérgica para a comida e as refeições, juntando opções diferentes em uma refeição ou lanche.

Ao planejar as refeições, combine ingredientes integrais variados e evite concentrar-se em um determinado alimento ou substância apenas por causa do possível benefício. Prefira um alimento em vez de um suplemento; é melhor saborear um curry de carne, frango ou proteína vegetal com legumes temperado com cúrcuma do que tomar um suplemento de cúrcuma. Você vai se beneficiar das propriedades anti-inflamatórias da curcumina, assim como das características anti-inflamatórias e antioxidantes das gorduras saudáveis com as quais a comida foi preparada, das outras especiarias contidas no tempero e de outros ingredientes que fazem parte da refeição.

Como lidar com o tratamento e seus efeitos colaterais

O que você come durante o tratamento contra o câncer é de suma importância, porque ajuda a mantê-lo forte e também pode auxiliá-lo a lidar com problemas causados pela terapia. Este capítulo analisa alguns dos efeitos colaterais que você pode esperar do tratamento e explica o que e como comer para se sentir melhor.

Nossa proposta de alimentação saudável é uma base para tudo o que você fizer antes, durante e após o tratamento; no entanto, pode haver momentos em que você precisará adaptar nossas diretrizes. Seu corpo, sua doença e sua situação são únicas, então use essa informação adequadamente. Você também deve conversar com um especialista para receber aconselhamento personalizado.

Fadiga

A fadiga é o sintoma mais comum durante e após o tratamento contra o câncer. Use os alimentos para obter a energia e os nutrientes de que precisa.

- Esteja preparado. Faça suas compras on-line, se for preciso. Cozinhe quando você não estiver cansado. Prepare quantidades grandes de comida e congele um pouco para outros dias.
- Tome sopas nutritivas caseiras, que são fáceis de digerir e não contêm os aditivos presentes nos alimentos industrializados.
- Beba bastante líquido, pois a desidratação esgota a energia. Experimente os sucos descritos neste livro. Beba um chocolate quente, usando o leite de sua preferência ou um substituto. O chocolate meio amargo tem um efeito notável sobre os níveis de energia, e ainda pode melhorar o seu humor.
- Coma lanches saudáveis e nutritivos: castanhas ou sementes, frutas secas (figo, tâmara e damasco), frutas frescas, chocolate meio amargo, ovos cozidos, iogurte, fígado de frango ou patê de sardinha. Seu corpo é capaz de digerir melhor lanches e pequenas refeições do que uma única grande refeição.
- Tenha um peso saudável como um dos seus objetivos.

Perda de apetite e enjoo

A perda de apetite é um sintoma complexo. Ela pode ser causada pelo tratamento ou pelo próprio câncer. Alterações do paladar e do olfato, sentir a boca seca, náusea, diarreia, constipação, digestão mais lenta, fadiga, mau humor ou depressão, ansiedade, dor, falta de ar e infecções são todos fatores que podem fazer com que você perca o apetite. Peça ajuda à sua equipe médica para identificar o que pode ser tratado.

- Experimente alimentos diferentes e descubra os que você mais gosta. Às vezes, fazer refeições menores com mais frequência pode ajudar.
- Sempre prefira as opções mais saudáveis. Evite alimentos de difícil digestão, como frituras.
- Às vezes, alimentos mais suaves, como um mingau, são os mais fáceis de comer quando você não tem fome ou está doente. Um mingau é rápido e fácil de fazer, e oferece calorias suficientes para sustentá-lo, assim como antioxidantes e fibras. Adicione algumas sementes moídas e castanhas, banana, mel, canela e frutas vermelhas, ameixas ou outras frutas cozidas.
- Evite cheiros fortes, pois eles podem provocar náusea. Quando você estiver enjoado, beba bastante água, sucos vegetais leves e chás de ervas (como de hortelã, que ajuda na digestão e, portanto, evita o efeito colateral do enjoo). O gengibre também pode ajudar a reduzir o mal-estar; portanto, use-o em chás e na comida.
- Para abrir o apetite, faça uma caminhada ao ar livre antes da refeição.

Alterações no paladar e no olfato

Alguns medicamentos quimioterápicos, bem como certos antibióticos, analgésicos e esteroides, podem tornar o sabor dos alimentos salgado, amargo ou metálico. A radioterapia na região da cabeça e do pescoço pode danificar as papilas gustativas e alterar o olfato ou causar mudanças de paladar.

- Evite carnes vermelhas, que podem ficar com um sabor especialmente metálico.
- Tempere os alimentos com ervas, especiarias e suco de limão.
- Você pode achar as comidas frias mais apetecíveis do que as quentes.

Dificuldade de engolir, candidíase oral e aftas

A quimioterapia ou a radiação na região do pescoço ou do peito podem resultar em problemas de deglutição e aftas. Você talvez fique suscetível a infecções, como a candidíase oral, o que pode tornar o ato de engolir doloroso, porque o câncer e/ou seu tratamento suprimem o sistema imunológico.

- Se possível, consuma sucos de vegetais frescos para aumentar a sua ingestão de nutrientes. Suco de repolho é calmante para a garganta e para o resto do trato digestório. Misture-o com outros legumes e frutas para melhorar o sabor.
- Consuma alimentos saudáveis mais macios, como banana, purê de raízes (como a batata-doce, a mandioca, o nabo e a cenoura), arroz-doce, sopas e cozidos caseiros, além de frutas cozidas. Cozinhe bem os alimentos mais duros, como a carne, e misture-os a alimentos mais macios para facilitar a deglutição e a digestão. Você pode tentar batê-los no liquidificador ou processador, se necessário.
- Tome um gole de água (ou suco de vegetais) entre cada bocado de comida, de modo que o líquido ajude a carregar o alimento entre garfadas.
- Use um canudo se necessário, para líquidos e alimentos batidos.
- Evite alimentos salgados, picantes ou ácidos para prevenir mais irritação na boca.
- Consuma alimentos que ajudem o sistema imunológico, especialmente legumes, verduras e frutas, cebola e alho, cogumelos, ervas e especiarias.

Problemas digestivos: inchaço e flatulência, ou digestão lenta

O câncer, o tratamento ou mesmo as mudanças na dieta (mudar para uma dieta de alimentos crus ou integrais) podem causar problemas digestivos. Algumas pessoas que passaram por cirurgia, radioterapia e/ou certos tipos de quimioterapia tornam-se incapazes de digerir gorduras, carboidratos (como a lactose encontrada no leite, queijos e iogurtes) e proteínas (o glúten encontrado no trigo e outros cereais) – temporária ou permanentemente. Quando isso acontece, o resultado são cólicas abdominais, inchaço e flatulência. Se os alimentos crus ou as leguminosas são novos na sua dieta, introduza-os aos poucos.

É importante conversar sobre quaisquer preocupações com um profissional, como um médico, nutricionista ou nutrólogo.

Diarreia

O tratamento, ou o próprio câncer, podem causar diarreia, o que também pode ser resultado de estresse, intolerância alimentar ou uma infecção bacteriana ou viral. Se a diarreia for grave e prolongada (mais de dois dias), procure o seu médico.

- Beba bastante líquido para substituir o que foi eliminado.
- Evite leite, iogurte e queijos, já que a lactose do leite pode agravar a diarreia.
- Evite bebidas muito quentes ou geladas.
- Evite a cafeína.
- Evite alimentos muito gordurosos e/ou condimentados.
- Pode ser necessário reduzir a ingestão de alimentos ricos em fibras, mas só até a melhora da diarreia. Neste caso, evite leguminosas, cereais integrais (use farinha branca, massas e arroz nesse curto prazo), legumes, verduras e frutas crus (experimente legumes e frutas descascados e cozidos).
- As fibras e a pectina da maçã ajudam a regularidade intestinal, e podem aliviar tanto a constipação quanto a diarreia.

Prisão de ventre

Assim como a diarreia, a prisão de ventre pode ser devida ao próprio câncer ou ao tratamento. Ela pode ser causada por uma alimentação carente em fibras, baixa ingestão de líquidos, diminuição da atividade física e fraqueza.

- Beba muito líquido; bebidas quentes, como chás de ervas, são muito bem-vindas.
- Coma mais alimentos ricos em fibras, como cereais integrais, legumes e frutas (de preferência laranja e maçã).
- Coma frutas secas, como ameixa e figo, para ajudar a manter os intestinos em movimento.
- Exercícios leves podem ajudar.
- Massagear a barriga com suavidade pode aliviar.
- Coma devagar e mastigue bem para auxiliar a digestão.

Como manter um peso saudável

Até há pouco tempo, as pessoas eram aconselhadas a comer o que quisessem durante o tratamento contra o câncer para evitar a perda de peso. O conhecimento atual desafia essa premissa e ressalta a importância de uma dieta equilibrada e nutritiva para manter um peso saudável.

Ganho de peso

A pessoa diagnosticada com câncer pode ganhar peso por várias razões:

- Há certos tipos de câncer, como o de mama, próstata, endométrio, ovário, colorretal e do cérebro em que as mudanças hormonais e o tratamento podem favorecer o ganho de peso.
- A ingestão de certos medicamentos, como esteroides e tratamentos hormonais, também pode facilitar o ganho de peso. Ao contrário do esperado, muitas pessoas podem ganhar peso durante a quimioterapia, bem como em outros tratamentos.
- Você está se sentindo cansado ou estressado. Talvez, então, volte a comer guloseimas como forma de se confortar.
- Você quase não pratica atividades físicas devido ao cansaço, desconforto, mau humor ou falta de hábito, ou por outras razões.
- Acha difícil mudar hábitos alimentares pouco saudáveis, sobretudo em momentos de crise.

Para atingir um peso saudável, siga os princípios estabelecidos neste livro. Pesquisas mostram que uma dieta baseada em vegetais pode promover o emagrecimento em pessoas que estão acima do peso, especialmente se combinada com atividade física regular.

Mantenha um nível razoável de atividades físicas, sem exagerar. Uma caminhada, por exemplo, ajudará a lidar com o cansaço, queimar calorias e a melhorar o humor. Durante o exercício, procure levantar o moral para aumentar sua energia. Use a meditação, visualização ou relaxamento para dar apoio a si mesmo e a manter sua decisão.

Outra maneira útil de evitar o ganho de peso é comer de forma consciente. Pesquisas mostram que, quando comemos devagar e mastigamos bem, nos sentimos satisfeitos mais rápido e, portanto, comemos menos. Lembre-se, porém, que cada um de nós é diferente. O modo como lidamos com o ganho de peso vai depender de circunstâncias particulares, e isso também pode influenciar a força de vontade. Pequenas mudanças nos padrões alimentares podem fazer uma grande diferença depois de um tempo. E se você tiver uma recaída, sempre vale a pena tentar de novo.

Perda de peso

Pessoas com câncer podem perder peso por muitas razões: como efeito direto do tumor ou do tratamento contra o câncer (cirurgia, quimioterapia, radioterapia). Essa é uma doença complexa e os processos dos quais ela se utiliza para sobreviver, às vezes, podem conduzir à perda de peso, muitas vezes acompanhada de perda de apetite. Em certos tipos de câncer, incluindo o de pulmão e o de pâncreas, isso é mais frequente.

Se você está perdendo peso, talvez seja bom ingerir mais calorias, proteínas, gorduras saudáveis e outros nutrientes. Alimentos saudáveis e ricos em calorias incluem castanhas e sementes, frutas secas (figo, tâmara e ameixa), peixes gordurosos, abacate, chocolate meio amargo, manteigas e cremes feitos de castanhas e sementes, leite de coco e iogurte integral. Experimente o Shake de mirtilo e abacate (p. 142), por exemplo. Não fique tentado a consumir gorduras prejudiciais ou açúcar.

Seguir um estilo de vida e uma dieta para reduzir as inflamações, que são ligadas ao crescimento do câncer, pode ser benéfico:

- Coma alimentos com propriedades anti-inflamatórias (frutas e legumes, cereais integrais, leguminosas, peixes, azeite e ervas) – veja "O poder dos alimentos" (p. 24).
- Evite alimentos que induzem à inflamação (óleos ricos em ácidos graxos ômega 6, alimentos que contenham gorduras trans, frituras e industrializados – veja a p. 12).
- Assim como ter uma alimentação saudável, fazer exercícios regulares inibe a produção de certas substâncias, como algumas prostaglandinas, que contribuem para inflamações.
- Exponha-se à luz do sol para gerar uma quantidade adequada de vitamina D: 15 minutos por dia sem protetor solar, mas evite queimaduras. Uma quantidade adequada de vitamina D é essencial para o funcionamento do sistema imunológico, e sua deficiência em pacientes com câncer é muito comum.
- Considere tomar suplementos de ômega 3. É comprovado que uma dieta rica em ácidos graxos ômega 3 ajuda pessoas com perda de peso nos estágios mais avançados do câncer.

Como se alimentar bem

Não é preciso pensar muito para decidir melhorar sua dieta, mas adquirir novos hábitos e ver os resultados é um processo diário – e empolgante – de descoberta de novos alimentos, novas receitas e novas rotinas alimentares. Esta seção apresenta algumas sugestões práticas e dicas sobre como fazer essas mudanças.

Siga em frente, um passo de cada vez

- Muitas mudanças de uma só vez podem ser estressantes, tanto física como emocionalmente. Vá com calma e faça as coisas no seu ritmo. Mesmo mudanças pequenas podem trazer benefícios que ajudarão a mantê-lo motivado.
- Reabasteça sua despensa e geladeira com alimentos integrais.
- Peça ajuda. Se você tem amigos ou familiares que possam ajudá-lo, peça-lhes que preparem uma refeição, talvez algo que você possa congelar e comer em outro dia. Boa parte das receitas apresentadas neste livro pode ser congelada ou dura alguns dias na geladeira.
- Procure aconselhamento. Converse com pessoas familiarizadas com a culinária saudável e aprenda dicas, truques e ideias.
- Compre alimentos curinga para dias mais corridos. Uma seleção de congelados saudáveis é boa opção para aqueles dias em que tudo o que você não quer é cozinhar. Produtos enlatados (como leguminosas, tomate e peixe) e manteigas de castanhas e sementes também são úteis para ser ter à mão prontos, mas prefira aqueles sem adição de açúcar ou sal. Se você sempre tem castanhas e frutas em casa, pode preparar uma vitamina rápida.
- Tenha alguns vasos com ervas em casa, ou plante uma pequena horta no quintal. Alimentos recém-colhidos, direto do pé, estarão cheios de nutrientes e vitaminas. Além disso, há a satisfação de você mesmo produzir legumes, e as endorfinas e o aumento da atividade física vão ajudar no seu bem-estar.
- Faça da alimentação saudável um hábito, mas aceite que seu paladar pode mudar à medida que o tratamento, a saúde e as atividades progredirem; por isso, não se sinta obrigado a seguir para sempre uma dieta específica.

Aprecie a comida

Comida boa faz mais do que nutrir. Uma refeição saborosa, especialmente quando compartilhada com pessoas queridas, é algo agradável, que faz bem tanto para o corpo quanto para a alma. Às vezes, novas rotinas podem aumentar ainda mais esse prazer.

- Delicie-se com a comida e não tenha pressa. Reserve um tempo para comer, saborear e digerir sua refeição.
- Demonstre amor e respeito pela comida, pela vida e por si mesmo.
- Esteja alerta ao ambiente em que você come. Tente torná-lo agradável, confortável e relaxante.
- Quando se permitir uma guloseima, sinta-se bem com isso; por exemplo, foque os aspectos benéficos dos alimentos, tais como os antioxidantes do café, do vinho tinto e do chocolate, e saiba que uma guloseima ocasional pode aumentar os níveis de endorfina e o bem-estar.

O elo entre o alimento e o humor

O que comemos altera o equilíbrio químico do corpo e afeta nossa saúde física, emocional e espiritual. Alterações repentinas nos níveis de glicemia (açúcar no sangue) estão ligadas a mudanças de humor e energia. Depois de um doce, a glicemia pode atingir níveis bem altos e, em seguida, cair rapidamente para níveis baixos. Isso pode levar a irritabilidade, tonturas, baixa concentração e cansaço, como aquele sono que bate após o almoço. Para ajudar a estabilizar os níveis de açúcar no sangue, tente as seguintes opções:

- Coma refeições regulares. Se você sentir fome, tome um lanche no meio da manhã e/ou da tarde.
- Combine carboidratos ricos em fibras, proteínas e gorduras a cada refeição e lanche. Refeições com IG baixo (p. 13) ajudam a regular a liberação de glicose e o humor. Um café da manhã rico em proteínas ajuda a reduzir o desejo por guloseimas no decorrer do dia.
- Beba muito líquido entre as refeições. A função cerebral exige uma grande porcentagem da ingestão de fluidos do corpo, então tenha um copo de água sempre por perto para evitar a desidratação. Evite bebidas doces, refrigerantes, sucos de frutas e excesso de chá ou café.

- Inclua alimentos ricos em ômega 3 para manter o cérebro saudável, que é composto em grande parte por essas gorduras. O ômega 3 também pode ajudar a controlar a insulina.

Digestão e estresse

Você já comeu uma refeição da qual mal sentiu o gosto? Ou tomou um lanche sem se dar conta? Comer de modo apressado ou distraído torna mais difícil para o seu organismo digerir até o mais saudável dos alimentos.

Como melhorar a digestão

- Reduza o estresse ao comer. Uma rotina calma na hora da refeição ajuda a esquecer as preocupações diárias e a desfrutar o prazer da comida. Gaste 5-10 minutos para se sentar e estimular o apetite a iniciar o processo digestivo. Tente descontrair, imaginar coisas relaxantes, ou apenas inspire e expire profundamente duas vezes antes de comer. Você pode acender uma vela ou colocar um vaso de flores sobre a mesa.
- Saboreie a comida. Observe sua cor e frescor, sinta o seu cheiro e use todos os sentidos que puder, mesmo antes de começar a comer. Gastar um tempo para aguardar as refeições prepara o sistema digestório.
- Coma devagar e com atenção. Mastigue bem cada bocado, pensando nos nutrientes, na energia e no prazer que a refeição lhe proporciona. Isso vai estimular seu corpo a produzir mais enzimas e tornar a digestão mais eficiente. Se você tem o hábito de comer rápido, tente colocar a faca e o garfo apoiados sobre a mesa entre as garfadas.
- Faça uma pausa. Deixe o seu sistema digestório descansar entre as refeições. Beliscar constantemente só é necessário e útil se o equilíbrio de açúcar no sangue for muito fraco.
- Não beba demais durante as refeições, já que os líquidos podem diluir os sucos gástricos.
- Evite comer tarde da noite. Isso pode elevar os níveis de insulina, aumentar a gordura na região do abdome, além de exercer mais pressão sobre o sistema digestório enquanto você tenta dormir.
- Cozinhe os alimentos se você tiver problemas de digestão. Essa prática ajuda a quebrar o material fibroso e resistente da planta ou do tecido animal. Alimentos crus, apesar de

nutritivos e saborosos, podem ser difíceis de digerir quando o sistema digestório é afetado pela doença, pelo tratamento ou por medicamentos. Os sucos naturais, no entanto, não contêm fibras e são uma maneira mais fácil de obter os nutrientes essenciais e concentrados do que comer frutas e legumes crus.

- Use especiarias ou ervas na maioria das refeições (p. 20). Alimentos ácidos e/ou amargos podem aliviar a indigestão.

Condimentos naturais direto da despensa

Há muitos ingredientes naturais que podem ser adicionados aos pratos para agregar sabores, e muitos deles possuem propriedades medicinais poderosas.

SABORES COMPLEXOS	QUALIDADES, BENEFÍCIOS	USO
Missô de cevada	Soja e cevada fermentadas. Rico em fitoestrógenos	Pode ser usado para fazer um molho de salada de sabor marcante ou para dar mais sabor ao feijão ou à lentilha
Cacau em pó, lascas de cacau torrado	Rico em de antioxidantes e magnésio	Adicione 1 colher (sopa) a um molho de carne moída ou lasanha. Confere sabor complexo a vitaminas e pratos doces
Missô branco ou doce	Soja e arroz fermentados. Cor, textura e sabor suaves. Rico em fitoestrógenos	Indicado para saladas e refogados. Delicioso em marinadas e sopas
Tahine	Pasta de gergelim rica em cálcio, zinco e ácidos graxos ômega 6 essenciais	Dá textura e um sabor amendoado a refogados, saladas e molhos; ou pode ser consumido com torradas

SALGADOS	QUALIDADES, BENEFÍCIOS	USO
Aliche	Pode ser usado direto da lata. Deixa os pratos mais salgados e realça o sabor de outros ingredientes	Use inteiro para decorar saladas ou pratos com cereais. Pode ser amassado para refogados e sopas
Alcaparra	Fácil de usar. Rica em flavonoides bons para a saúde, como a rutina e a quercetina	Dá um toque de acidez a pratos com peixes e cereais
Nori ou algas em flocos	Ricas em minerais e fáceis de usar. Boa fonte de iodo	Podem realçar o sabor de outros ingredientes. Ótimas em sopas, cozidos e saladas
Levedura em flocos	Flocos de leveduras inertes embalados. Rica em vitaminas do complexo B. Dá um sabor de levedura ou queijo	Seu sabor se equilibra bem com a noz-moscada. Utilize em molhos quentes e frios. Ótima para temperar pratos veganos
Pesto	Muito saboroso. Benefícios antioxidantes da base de ervas	Adicione a refogados, massas, batatas, saladas e ovos
Tamari ou shoyu	Molhos de soja fermentados naturalmente e de boa qualidade. O tamari não contém glúten	Dão um sabor salgado e complexo. Use com moderação, por conter sal
Umeboshi	Vinagre de ameixa fermentada alcalinizante. Útil para ajudar na digestão	Use em ensopados, saladas e refogados. Pode ser utilizado em marinadas
Vinagre de vinho ou de maçã	Ajuda a digestão e estabiliza os níveis de glicose no sangue, reduzindo o índice glicêmico	Escolha um vinagre de boa qualidade, de fermentação natural. Use em saladas, cozidos e refogados
Levedo de cerveja em pó	Rico em vitaminas do complexo B (use em pequenas quantidades)	Dá um sabor ácido e salgado a sopas, cozidos e refogados

Embora se deva usar o mínimo possível de açúcar na alimentação, estes adoçantes mais saudáveis têm um índice glicêmico menor do que o do açúcar – mas ainda assim, é importante utilizá-los com moderação.

DOÇURA	QUALIDADES, BENEFÍCIOS	USO
Suco concentrado de maçã	Confere complexidade e equilíbrio a pratos doces e salgados	Útil para equilibrar o sabor das algas. Excelente em saladas. Dá doçura à massa de um bolo. Use com moderação
Lúcuma	Fruta peruana rica em nutrientes, cujo sabor lembra caramelo	Use em sorvetes e vitaminas
Maca	Raiz peruana com um sabor caramelado naturalmente doce. Usada para equilibrar os efeitos do estresse e para ajudar a saúde hormonal	Deliciosa com bebidas, bolos e sobremesas. Comumente encontrada em forma de pó
Melado	Doçura enorme com um leve amargor. Pode dominar o sabor geral. Possui teor de minerais elevado, inclusive de ferro, cálcio e magnésio	Utilize em pratos doces e salgados
Estévia	Planta naturalmente doce, com índice glicêmico baixo	Uma pequena dose faz uma diferença enorme. Encontrada em grânulos
Xilitol	Açúcar natural derivado principalmente da bétula, com impacto mínimo sobre os níveis de açúcar no sangue	Pode ser usado como o açúcar refinado em bolos e pudins

Perguntas frequentes

Por que o alimento orgânico é tão importante?

Algumas pessoas preferem alimentos orgânicos pelo seu sabor, ou devido a uma preocupação com o meio ambiente; outros ficam inquietos com o efeito de resíduos químicos na saúde humana. Existem normas de segurança para o uso de agrotóxicos na agricultura; no entanto, se um aditivo pode ser considerado seguro em pequenas quantidades, isso não significa necessariamente que, em combinação com outros, ele continue seguro. Alimentos orgânicos são produzidos sem usar pesticidas sintéticos e fertilizantes químicos. Eles não contêm organismos geneticamente modificados e não são tratados com irradiação ionizante, solventes industriais ou aditivos químicos.

Uma série de estudos indica que é melhor ter uma alimentação baseada em orgânicos do que em alimentos cultivados industrialmente, tanto em termos de segurança (devido a pesticidas, contaminação química e ao uso de antibióticos) como pelo valor nutricional, sabor e impacto ambiental. É, no entanto, essencial comer alimentos variados, em vez de restringir sua dieta apenas aos orgânicos.

Lave muito bem todas as frutas e verduras com água. Se você usar frutas e legumes cultivados de modo convencional, coloque um pouco de vinagre ou suco de limão na água da lavagem, o que ajudará a remover os produtos químicos da superfície. Lembre-se também de retirar a casca.

Se eu não consumo laticínios, qual é a maneira mais saudável de me alimentar para ter ossos fortes?

As pesquisas são bastante claras: quem come frutas, verduras e legumes todos os dias tem ossos saudáveis. Isso acontece devido ao efeito alcalinizante desses alimentos, e também à vitamina K, aos fitoestrógenos e outros nutrientes bioativos encontrados em abundância nas frutas e nos vegetais. Inclua na sua dieta peixes pequenos com espinhas, como sardinha enlatada, e coma leguminosas, castanhas e sementes (especialmente sementes de gergelim ou tahine), verduras (como repolho, couve, espinafre, salsinha e agrião) e cereais integrais, pois todos são ricos em cálcio. Desses alimentos você obtém todos o benefícios de que precisa para os seus ossos. Outras alternativas aos laticínios:

- Leite de aveia, de soja, de arroz e de castanhas. O leite de aveia é especialmente recomendado, já que é fácil de digerir e geralmente não contém açúcar.
- Óleos saudáveis, como o azeite ou o óleo de coco, para espalhar sobre o pão.
- Alternativas ao queijo incluem molhos, patês e manteigas de castanhas ou sementes.
- Hoje existem iogurtes de soja; escolha uma opção sem açúcar.
- Pastas de aveia e de castanhas também são boas opções.

Por que eu devo reduzir o consumo de café se ele me faz sentir tão alerta?

A cafeína é encontrada em algumas bebidas como o chá (seja preto, verde ou branco) e especialmente no café. Ela está presente em alguns alimentos, como o chocolate. A cafeína pode aumentar a produção de hormônios do estresse pelo corpo, como a adrenalina, o que gera bem-estar. No entanto, o aumento da adrenalina exerce pressão sobre as reservas de nutrientes do corpo, e esse processo também pode elevar os níveis de glicose no sangue. Por essa razão, o café não é recomendado nem em grandes quantidades, nem para ser consumido regularmente. É fundamental diminuir o consumo de cafeína durante períodos de estresse. Se você optar por beber café, faça isso com moderação, degustando.

Posso beber álcool?

Algumas bebidas alcoólicas, como vinho tinto, contêm substâncias com propriedades antioxidantes benéficas (por exemplo, o resveratrol). Essas propriedades são ainda maiores se os produtos consumidos forem orgânicos. No entanto, o álcool em si oferece poucos benefícios para o corpo além do efeito de relaxar, e pode exercer pressão sobre o fígado, assim como prejudicar a saúde em geral. Pesquisas mostram que o álcool pode aumentar o risco de certos tipos de câncer, assim como o de doenças do coração e de pressão arterial elevada.

Se você optar por beber álcool, o ideal é mantê-lo apenas para ocasiões especiais e celebrações e apreciá-lo com moderação. Quem consome álcool regularmente não deve exceder um a dois drinques por semana. Compostos antioxidantes semelhantes aos do vinho tinto podem ser obtidos ao ingerir vegetais e frutas frescas.

É recomendável tornar-se vegetariano ou vegano?

Cada indivíduo tem uma necessidade diferente de nutrientes. Enquanto algumas pessoas se sentem bem comendo produtos de origem animal, outras preferem não comê-los ou simplesmente evitá-los. Encorajamos todos a seguir uma dieta baseada em vegetais e a evitar a carne processada, mas não recomendamos deixar de consumir os produtos de origem animal, já que podem fornecer proteínas valiosas e são ricos em ferro, assim como em outros nutrientes importantes para a dieta, como gorduras ômega 3 (se os animais forem alimentados com pasto e criados de modo orgânico ao ar livre), selênio, vitaminas A e B12 e outras vitaminas do complexo B. Se a carne mostrar-se particularmente difícil de digerir, ou não apetecível, é aconselhável consumir pequenas quantidades de leite, iogurte e manteiga, e porções moderadas de ovos e peixes. Se você optar por não comer produtos de origem animal:

- Evite restringir suas escolhas a apenas um ou dois alimentos em substituição à proteína e a outros nutrientes presentes nos produtos de origem animal. Uma boa variedade de opções e combinações de alimentos é essencial, especialmente no caso dos vegetarianos e veganos. Sementes, castanhas e leguminosas são boas fontes de proteína.
- Coma vegetais variados ricos em nutrientes para obter aminoácidos ("os tijolos" que constroem as proteínas), vitaminas, minerais e ácidos graxos essenciais. Alguns exemplos: quinoa, trigo-sarraceno, amaranto, sementes de linhaça e soja.
- Consuma algas marinhas, que contêm vitaminas, minerais, aminoácidos e iodo.
- Alguns alimentos de origem vegetal, como leguminosas (ervilhas e feijões), cereais integrais e sementes, contêm oxalato e fitato, que inibem a absorção do cálcio. Germiná-las reduz de modo significativo o conteúdo de fitato, portanto, combinar sementes e grãos germinados faz bem. Fitatos também podem restringir a absorção do ferro dos vegetais (alimentos ricos em ferro incluem leguminosas, sementes e castanhas). O efeito inibidor pode ser diminuído ao incluir opções ricas em vitamina C na sua dieta.

É seguro comer soja?

Os grãos de soja são fonte de fibras, vitaminas e minerais, assim como de fitoestrógenos. Quando obtidos a partir de alimentos variados de origem vegetal e como parte de uma dieta equilibrada, os fitoestrógenos podem trazer benefícios para o corpo, como a regulação de certos hormônios. Outras fontes de fitoestrógenos são certas leguminosas, sementes, grãos e legumes. Os fitoestrógenos dos alimentos (em vez de suplementos) não parecem ser um fator de risco para o câncer, portanto, não precisam ser evitados. Para os vegetarianos, os derivados da soja podem ser uma fonte valiosa de proteínas completas. No entanto, não recomendamos usar alimentos à base de soja em grandes quantidades (mais de quatro porções por semana), por causa dos fatores antinutricionais (p. 21). Além disso, os grãos de soja crus ou germinados podem interferir na atividade da glândula tireoide e não devem ser consumidos por pessoas com a tireoide comprometida. Os grãos de soja cozidos não têm o mesmo efeito.

Devo tomar suplementos?

É sempre melhor, se possível, comer alimentos integrais em vez de tomar suplementos. Os muitos componentes bioativos dos alimentos trabalham juntos (em sinergia), de modo que o efeito em conjunto é superior ao efeito dos componentes sozinhos.

Cardápios de sete dias

Estes cardápios podem servir de base para você planejar suas refeições durante a semana. Misture e combine como preferir. Quando estiver sem tempo, coma as sobras de outra refeição; se puder, cozinhe uma quantidade maior e congele.

Não vegetariano

CAFÉ DA MANHÃ	ALMOÇO	JANTAR	LANCHE
Granola com mix de sementes (p. 56)	Lula com repolho e nozes (p. 83)	Bowl das mil e uma noites (p. 117)	Biscoito de gengibre, amêndoa e chocolate (p. 141)
Ovo à moda espanhola (p. 63)	Salada morna de lentilha e feijão (p. 91)	Refogado oriental de frango (p. 94)	Arroz-doce com coco (p. 157)
Mingau de aveia, amêndoa e pera (p. 144)	Sopa de alho e feijão com pesto (p. 71)	Robalo ao forno com tomate e azeitona (p. 103)	Cheesecake de limão (p. 123)
Sardinha com tomate assado (p. 65)	Salada de couve com sementes tostadas (p. 87)	Cabrito com gremolata (p. 101)	Energizante de clorofila (p. 151)
Muffin de linhaça, damasco e canela (p. 59)	Camarão à siciliana (p. 82)	Espaguete com brócolis e limão-siciliano (p. 114)	Sorbet de frutas vermelhas (p. 126)
Shake de mirtilo e abacate (p. 142)	Salada de macarrão, echalota e shiitake (p. 148)	Korma de peru e pistache (p. 98)	Shake de manga com matchá (p. 51)
Ameixa escaldada com creme de gengibre e (p. 55)	Salada superverde com frango (p. 77)	Gratinado de peixe e camarão (p. 109)	Biscoito italiano com pasta de feijão-branco (p. 158)

Vegetariano

CAFÉ DA MANHÃ	ALMOÇO	JANTAR	LANCHE
Granola com mix de sementes (p. 56) com iogurte de soja ou de coco	Espeto de tempeh ao molho hoisin (p. 84)	Salada morna de berinjela, raízes e grão-de-bico (p. 113)	Arroz-doce com coco (p. 157)
Pão sírio com cominho (p. 135), com homus ou manteiga de castanhas	Sopa cremosa de couve-flor (p. 72)	Hambúrguer de linhaça e castanha (p. 116), Remoulade de aipo, maçã e erva-doce (p. 88)	Suco de beterraba revitalizante (p. 151)
Vitamina verde de linhaça (p. 51), Barrinha de tâmara, lúcuma e cacau (p. 60)	Bisque de pimentão com creme de pimenta (p. 74)	Tempeh assado com piperade (p.110)	Bolo de banana com matchá (p. 130)
Barrinha de tâmara, lúcuma e cacau (p. 60)	Sopa de alho e feijão com pesto (p. 71)	Bowl das mil e uma noites (p. 117)	Sorbet de frutas vermelhas (p. 126)
Ameixa escaldada com creme de gengibre (p. 55)	Salada de algas e pepino (p. 90)	Espaguete com brócolis e limão-siciliano (p. 114)	Reforço de coco e cacau (p. 154)
Mingau de aveia, amêndoa e pera (p. 144)	Salada superverde com frango (p. 77)	Lula com repolho e nozes (p. 83), Biscoito italiano com pasta de feijão-branco (p. 158)	Brownie de chocolate e beterraba (p. 133)
Muffin de linhaça, damasco e canela (p. 59)	Salada de couve com sementes tostadas (p. 87)	Salada morna de lentilha e feijão (p. 91), Pão sírio com cominho (p. 135)	Cheesecake de limão (p. 123)

Shakes, sucos, vitaminas e café da manhã

Shakes, sucos ou vitaminas podem conter ingredientes que fazem bem à saúde e são fáceis de consumir, o que os torna práticos para o café da manhã ou lanche – especialmente se você estiver com falta de apetite ou cansado demais para preparar uma refeição. Entre as deliciosas opções de café da manhã estão o Muffin de linhaça, damasco e canela; a Granola com mix de sementes, rica em ácidos graxos ômega 3 e 6; a acalentadora Ameixa escaldada com creme de gengibre, e um rápido Ovo à moda espanhola. Seja somente para levantar o astral, seja para promover bem-estar durante o tratamento, as receitas deste capítulo são riquíssimas em nutrientes e foram pensadas para revigorar o apetite, reforçar os níveis de energia e ativar o metabolismo.

Na página ao lado: Ameixa escaldada com creme de gengibre (p. 54)
Acima: Ovo à moda espanhola (p. 62)

Tome um banho de antioxidantes com um shake leve e refrescante.

◂ Shake de manga com matchá

1 Bata a amêndoa em um liquidificador ou processador com 500 ml ou 2 xícaras de água e bata até ficar homogêneo. Coe em uma peneira fina, se preferir.
2 Adicione a manga e o matchá e bata novamente até ficar espesso e cremoso. Beba imediatamente, servido com gelo e manga, se quiser, ou guarde na geladeira por até 2 dias.

INFORMAÇÕES NUTRICIONAIS POR PORÇÃO
Proteínas 9,4 g **Carboidratos** 11,8 g, dos quais 11,1 g açúcares
Gorduras 16,9 g, dos quais 1,4 g saturadas **Quilocalorias** 234

BENEFÍCIOS PARA A SAÚDE
O matchá é um chá-verde japonês em pó rico em antioxidantes. As folhas são usadas inteiras, o que o torna mais potente que o chá-verde e com mais antioxidantes.

2 PORÇÕES de 250 ml
PREPARO 5 minutos

⅓ de xícara (60 g) de amêndoa sem pele
1 manga madura cortada em cubos
1 colher (chá) de matchá
gelo, para servir
fatias de manga, para servir (opcional)

Vitamina verde de linhaça

1 Coloque todos os ingredientes em um liquidificador ou processador e bata até ficar homogêneo. Beba imediatamente ou guarde na geladeira por até 1 dia.

INFORMAÇÕES NUTRICIONAIS POR PORÇÃO
Proteínas 10 g **Carboidratos** 19,9 g, dos quais 10,3 g açúcares
Gorduras 2,6 g, dos quais 0,1 g saturadas **Quilocalorias** 142

BENEFÍCIOS PARA A SAÚDE
Usar a semente de linhaça moída é uma maneira fácil e saudável de aumentar a ingestão de proteínas boas e de gorduras essenciais ômega 3 e 6. Ela também ajuda a estabilizar os níveis de açúcar no sangue. Na falta da semente de linhaça, use a de chia, pois ambas são ricas em ômega 3 e 6.

2 PORÇÕES de 250 ml
PREPARO 5 minutos

¼ de xícara (30 g) de semente de linhaça moída
1 manga madura cortada em cubos
uma pitada de canela
1½ xícara (400 ml) de água de coco ou água
dois punhados grandes de folhas de espinafre, alface ou couve
uma pitada de estévia, para adoçar

Elixir verde

1 **PORÇÃO** de 250 ml
PREPARO 5 minutos

2 talos de aipo
½ pepino
dois punhados generosos de couve
2 cm de gengibre fresco
1 limão-siciliano
2 maçãs
cubos de gelo, para servir (opcional)
1 colher (sopa) de sementes ou castanhas, para servir

1 Passe todos os ingredientes por uma centrífuga e beba imediatamente ou guarde na geladeira por até 1 dia. Sirva com gelo, se quiser, e com 1 colher (sopa) de sementes ou castanhas.

INFORMAÇÕES NUTRICIONAIS POR PORÇÃO
Proteínas 3,6 g **Carboidratos** 19,9 g, dos quais 18,6 g açúcares
Gorduras 1,2 g, dos quais 0,1 g saturadas **Quilocalorias** 100

BENEFÍCIOS PARA A SAÚDE
Este suco leve e renovador contém gengibre para aliviar náuseas e distúrbios digestivos (se você tem problemas de tireoide, limite a ingestão de crucíferas, como a couve crua, pois elas podem ter um efeito bociogênico, reduzindo a função da tireoide e desacelerando o metabolismo).

Cura digestiva

1 **PORÇÃO** de 250 ml
PREPARO 5 minutos

½ abacaxi descascado com miolo
1 cm de gengibre fresco
um punhado de salsinha
100 g de folhas de espinafre baby
½ pepino
1 colher (sopa) de suco de aloe vera (opcional)
1 colher (sopa) de sementes ou castanhas, para servir

1 Passe o abacaxi, o gengibre, a salsinha, o espinafre e o pepino por uma centrífuga. Adicione o suco de aloe vera, se for usar, e misture bem. Beba imediatamente ou guarde na geladeira por até 1 dia. Sirva com castanhas.

INFORMAÇÕES NUTRICIONAIS POR PORÇÃO
Proteínas 8,9 g **Carboidratos** 33,8 g, dos quais 32,8 g açúcares
Gorduras 8,6 g, dos quais 1,2 g saturadas **Quilocalorias** 250

BENEFÍCIOS PARA A SAÚDE
O aloe vera é conhecido por ajudar a ação digestiva e aqui é combinado com o gengibre, que tem a mesma propriedade. O pepino é hidratante e fonte de antioxidantes.

Creme de castanha-do-pará

1 Bata a castanha no liquidificador ou processador com 400 ml ou 1½ xícara de água, até ficar homogêneo. Adicione os ingredientes restantes e bata mais. Beba imediatamente ou guarde na geladeira por até 1 dia.

2 PORÇÕES de 250 ml
PREPARO 5 minutos

60 g de castanha-do-pará
200 g de morango fresco ou congelado
½ colher (chá) de extrato de baunilha
2 colheres (chá) de lecitina granulada (opcional)

INFORMAÇÕES NUTRICIONAIS POR PORÇÃO
Proteínas 5,1 g **Carboidratos** 6,4 g, dos quais 6,4 g açúcares
Gorduras 20,6 g, dos quais 5,2 g saturadas **Quilocalorias** 247

BENEFÍCIOS PARA A SAÚDE
Esta vitamina cremosa contém proteínas e gorduras saudáveis. A castanha-do-pará é uma das fontes mais concentradas de selênio, importante para proteger as células.

Creme de damasco com rooibos

1 Coloque o saquinho de chá em uma jarra e despeje sobre ele 1 xícara de água fervente. Deixe em infusão por 10 minutos e descarte o saquinho. Espere esfriar um pouco.

2 Coloque os demais ingredientes em um liquidificador ou processador e despeje o chá por cima. Bata até ficar homogêneo. Beba imediatamente ou guarde na geladeira por até 1 dia. Sirva frio ou quente.

2 PORÇÕES de 250 ml
PREPARO 5 minutos, mais 10 minutos de infusão

1 saquinho de chá de rooibos
2 damascos frescos, cortados ao meio e sem caroço, ou 4 metades de damasco enlatado em suco natural
¼ de xícara (40 g) de castanha-de-caju
¼ de xícara (30 g) de damasco seco

INFORMAÇÕES NUTRICIONAIS POR PORÇÃO
Proteínas 9,3 g **Carboidratos** 22,3 g, dos quais 17,7 g açúcares
Gorduras 19,5 g, dos quais 3,8 g saturadas **Quilocalorias** 301

BENEFÍCIOS PARA A SAÚDE
O chá de rooibos, uma planta sul-africana, é livre de cafeína e possui pouco tanino. Ele também é extremamente rico em antioxidantes, inclusive os flavonoides quercetina e luteolina.

Acalente o seu corpo no café da manhã com frutas escaldadas e um suave creme de castanha e gengibre.

Ameixa escaldada com creme de gengibre

As ameixas são fervidas rapidamente em suco de romã aromatizado e, em seguida, cobertas com um creme de gengibre e castanha. Elas podem ser servidas quentes ou deixadas de molho por mais tempo no suco e consumidas frias. Esta receita rende bem e você pode servi-la no café da manhã ou no lanche por mais 2-3 dias.

4 PORÇÕES
PREPARO 10 minutos
TEMPO DE COZIMENTO 6 minutos, mais o tempo para resfriar

6 ameixas vermelhas grandes ou 8 médias, cortadas ao meio e sem caroço
1 xícara (250 ml) de suco de romã puro
2 anises-estrelados
1 canela em pau
2 colheres (chá) de amido de milho

Creme de gengibre e castanha
¾ de xícara (125 g) de castanha-de-caju
2 colheres (sopa) de azeite ou óleo de coco
½ xícara (125 ml) de suco de laranja fresco
2 cm de gengibre fresco, descascado e ralado

1. Coloque a ameixa, o suco de romã, o anis-estrelado e a canela em pau em uma panela. Deixe ferver, abaixe o fogo e cozinhe por 5 minutos, ou até que as frutas comecem a ficar macias. Dissolva o amido de milho em 1 colher (sopa) de água e adicione à panela, mexendo até engrossar. Deixe esfriar para desenvolver os sabores.
2. Para o creme de gengibre, bata todos os ingredientes no liquidificador ou processador, até ficar homogêneo. Adicione um pouco de água, se necessário.
3. Descarte a canela e o anis-estrelado, e sirva as ameixas quentes ou frias com o creme de gengibre e castanha (guarde na geladeira por até 3 dias).

INFORMAÇÕES NUTRICIONAIS POR PORÇÃO
Proteínas 6,3 g **Carboidratos** 22,6 g, dos quais 16,6 g açúcares **Gorduras** 22,7 g, dos quais 9,5 g saturadas **Quilocalorias** 320

BENEFÍCIOS PARA A SAÚDE
Ameixas frescas e secas contêm fitonutrientes que protegem contra doenças, e o alto teor de fibras das ameixas tem um efeito laxante suave, auxiliando a regularidade intestinal. As ameixas são, ainda, ricas em fenóis e vitamina C, o que pode ajudar na absorção do ferro. A vitamina C é necessária ao corpo para construir tecidos saudáveis e dar apoio ao sistema imunológico. O creme de gengibre e castanha fornece proteínas e gorduras saudáveis, e o gengibre fresco ajuda na digestão e alivia os sintomas de enjoo.

Granola com mix de sementes

8 PORÇÕES
PREPARO 10 minutos
TEMPO DE COZIMENTO 50 minutos

1¼ xícara (115 g) de aveia em flocos
⅓ de xícara (60 g) de amêndoa picada
⅓ de xícara (60 g) de castanha-do-pará picada
2 colheres (sopa) de semente de chia (opcional)
4 colheres (sopa) de semente de linhaça
½ xícara (60 g) de semente de girassol
½ xícara (60 g) de semente de abóbora
⅓ de xícara (60 g) de semente de gergelim
1 colher (sopa) de xilitol ou ½ colher (chá) de estévia (opcional)
2 colheres (sopa) de azeite ou óleo de coco derretido
1 pera picada
1 colher (chá) de canela em pó
½ colher (chá) de gengibre em pó
4 colheres (sopa) de suco de maçã
½ xícara (60 g) de frutas secas sem açúcar
⅓ de xícara (30 g) de bagas de goji

As gorduras ômega 3 deste cereal crocante cheio de proteínas e nutrientes são preservadas, pois os ingredientes são assados em fogo baixo. Sirva a granola no café da manhã com iogurte ou leite, ou ainda como petisco ou cobertura para pratos com frutas.

1 Preaqueça o forno a 160°C e forre uma assadeira com papel-manteiga. Coloque a aveia, a amêndoa, a castanha e as sementes em uma tigela e misture bem. Reserve. Transfira os ingredientes restantes, exceto as frutas, para um liquidificador ou processador e bata até ficar homogêneo.

2 Despeje a mistura úmida sobre a aveia e misture muito bem com as mãos para garantir que a aveia e as castanhas fiquem revestidas de maneira uniforme.

3 Espalhe a mistura sobre a assadeira preparada. Asse por 45-50 minutos até dourar e ficar crocante. Deixe a granola esfriar e, em seguida, junte as frutas secas. Sirva no café da manhã com leite ou iogurte (guarde em um recipiente hermético por 1-2 semanas).

INFORMAÇÕES NUTRICIONAIS POR PORÇÃO
Proteínas 11,3 g **Carboidratos** 24,4 g, dos quais 11 g açúcares **Gorduras** 27,2 g, dos quais 5,6 g saturadas **Quilocalorias** 387

BENEFÍCIOS PARA A SAÚDE
A semente de linhaça é de fácil digestão e contém grandes quantidades de ácidos graxos, fibras, minerais e vitamina E. A castanha-do-pará é rica em selênio e as sementes de girassol e de abóbora contêm gorduras ômega 6 essenciais em abundância.

**Crocante e rica em nutrientes,
é uma explosão de sabores.**

Muffin de linhaça, damasco e canela

Estes bolinhos, adoçados com frutas, são ricos em fibras solúveis graças à adição da linhaça moída. São uma boa opção para o café da manhã ou um lanche saudável e mantêm os níveis de energia altos durante o dia todo.

10 UNIDADES
PREPARO 15 minutos
TEMPO DE COZIMENTO 25 minutos, mais o tempo para resfriar

4 colheres (sopa) de azeite, mais um pouco para untar, se necessário
1½ xícara (225 g) de farinha de trigo integral ou de mistura de farinhas sem glúten
2 colheres (chá) de fermento em pó
1 colher (chá) de bicarbonato de sódio
uma pitada de sal marinho
1½ colher (chá) de canela em pó
2 colheres (sopa) de xilitol
3 colheres (sopa) de semente de linhaça moída
½ xícara (125 ml) de suco de maçã
1 copo (225 g) de iogurte natural ou de iogurte de soja
3 ovos
⅓ de xícara (60 g) de damasco seco picado
2 cm de gengibre fresco ralado

1 Preaqueça o forno a 180°C. Forre dez forminhas de muffin com fôrmas de papel, ou unte-as com azeite. Em uma tigela grande, peneire a farinha, o fermento, o bicarbonato de sódio, o sal e a canela. Junte qualquer farelo que tenha sobrado na peneira, misture o xilitol e a linhaça.

2 Em uma jarra ou liquidificador, misture o azeite, o suco, o iogurte e os ovos. Adicione à mistura de farinha e bata com uma colher de pau para formar uma massa lisa e grossa.

3 Acrescente o damasco e o gengibre. Preencha cada forminha de muffin até cerca de três quartos. Asse por 20-25 minutos, até que um palito inserido no centro da massa saia limpo. Deixe os muffins alguns minutos fora do forno antes de colocar sobre uma grade e espere esfriar completamente antes de servir (guarde na geladeira por até 3 dias ou congele por até 1 mês).

INFORMAÇÕES NUTRICIONAIS POR UNIDADE

Proteínas 5,7 g **Carboidratos** 26,8 g, dos quais 8,9 g açúcares **Gorduras** 5 g, dos quais 1,9 g saturadas **Quilocalorias** 173

BENEFÍCIOS PARA A SAÚDE

Os damascos secos contêm fibra solúvel que ajuda na saúde intestinal. Seu teor elevado de betacaroteno é convertido pelo corpo em vitamina A, que é um antioxidante poderoso, diminui os danos causados por radicais livres nas células e nos tecidos e sustenta a saúde imunológica. O gengibre fresco aquece e é frequentemente usado para ajudar a digestão e para aliviar sensações de enjoo. A canela em pó auxilia no equilíbrio dos níveis de açúcar no sangue.

Barrinha de tâmara, lúcuma e cacau

16 UNIDADES
PREPARO 15 minutos, mais 10 minutos para demolhar e ao menos 1 hora para refrigerar

¾ de xícara (140 g) de tâmara seca sem caroço
1 xícara (115 g) de nozes-pecãs
1 xícara (115 g) de nozes em pedaços
¼ de xícara (30 g) de cacau em pó
4 colheres (sopa) de semente de linhaça moída
½ xícara (60 g) de lúcuma em pó*
2 colheres (sopa) de semente de chia
raspas e suco de 1 limão-siciliano
½ xícara (75 g) de manteiga de castanha-de-caju ou de amêndoa

*Encontrada em lojas on-line de produtos naturais

O pó de lúcuma é feito de uma fruta peruana rica em nutrientes usada tradicionalmente para preparar sorvetes e sobremesas, cujo sabor lembra o maple syrup. Aproveite essas barrinhas saudáveis no café da manhã ou no lanche, direto da geladeira, ou leve-as com você quando sair (embora elas fiquem um pouco mais moles se consumidas em temperatura ambiente).

1 Mergulhe as tâmaras em água quente por 10 minutos, escorra e reserve. Forre uma assadeira quadrada rasa de 20 cm com papel-manteiga. Ponha as castanhas em um liquidificador ou processador e bata até moer bem. Transfira para uma tigela e junte o cacau em pó, as sementes de linhaça, a lúcuma e as sementes de chia.
2 Coloque as tâmaras, as raspas de limão e o suco em um liquidificador ou processador com a manteiga de castanha e bata até formar uma pasta. Junte à tigela e misture tudo com as mãos, formando uma massa lisa.
3 Pressione a mistura na fôrma preparada. Leve à geladeira e deixe por 1-2 horas para firmar, ou congele por 1 hora. Corte em barras para servir (guarde na geladeira, embaladas uma a uma, por até 1 semana, ou congele por até 1 mês).

INFORMAÇÕES NUTRICIONAIS POR UNIDADE
Proteínas 4,4 g **Carboidratos** 11,6 g, dos quais 6,7 g açúcares **Gorduras** 14,3 g, dos quais 1,6 g saturada **Quilocalorias** 194

BENEFÍCIOS PARA A SAÚDE
As tâmaras são uma ótima maneira de conferir doçura natural aos pratos. Além disso, sua fibra solúvel retarda a liberação dos açúcares no corpo e o mantém energizado por mais tempo. A lúcuma é um adoçante natural de baixo índice glicêmico. Ela também fornece fibras, vitaminas e minerais, inclusive betacaroteno, niacina (B3) e ferro.

Prepare estas barrinhas com antecedência para um café da manhã substancioso.

Um café da manhã rico em proteínas mantém os níveis de energia elevados durante toda a manhã.

Ovo à moda espanhola

Este prato rústico de inspiração espanhola – para o café da manhã ou um brunch – combina pimentões, tomate e ervas, todos ricos em antioxidantes. Pode ser quase totalmente preparado com antecedência – só quebre os ovos quando estiver pronto para cozinhar. Embora a receita seja de um ovo por pessoa, você pode adicionar mais ovos ou grão-de-bico, cozido e escorrido, aos legumes.

4 PORÇÕES
PREPARO 10 minutos
TEMPO DE COZIMENTO 20 minutos

2 colheres (sopa) de azeite
1 cebola roxa picada finamente
1 pimentão vermelho sem sementes e cortado em tiras
1 pimentão amarelo sem sementes e cortado em tiras
2 dentes de alho amassados
½ colher (chá) de harissa em pasta, ou a gosto
½ colher (chá) de páprica defumada
400 g de tomate pelado picado
2 colheres (sopa) de suco de limão-siciliano
1 colher (sopa) de salsinha picada, mais um pouco para servir
1 colher (sopa) de cebolinha picada, mais um pouco para servir
4 ovos
pimenta-do-reino moída na hora

1 Preaqueça o forno a 160°C. Aqueça o azeite em fogo baixo em uma frigideira – de preferência refratária – e adicione a cebola, os pimentões, o alho e os temperos. Cozinhe em fogo brando por 10 minutos, ou até que os pimentões fiquem macios.

2 Acrescente os tomates e cozinhe por 1-2 minutos, até o molho engrossar. Junte o suco de limão e espalhe as ervas por cima.

3 Se necessário, transfira os legumes para uma assadeira rasa ou ramequins individuais. Faça quatro buracos na mistura, ou um em cada ramequim, e quebre os ovos dentro. Tempere com pimenta. Asse por 6-8 minutos, até que as claras fiquem firmes, mas as gemas ainda estejam um pouco moles. Polvilhe as ervas e sirva quente (guarde na geladeira por até 1 dia).

INFORMAÇÕES NUTRICIONAIS POR PORÇÃO
Proteínas 8,7 g **Carboidratos** 9,9 g, dos quais 8,9 g açúcares **Gorduras** 10,5 g, dos quais 2,3 g saturadas **Quilocalorias** 169

BENEFÍCIOS PARA A SAÚDE
O alho contém poderosos fitonutrientes antimicrobianos e anticancerígenos. O pimentão, especialmente o vermelho, é uma das melhores fontes de vitamina C, que fortalece as células do sistema imunológico. Há cerca de 250 mg de vitamina C em um pimentão vermelho grande. O ácido fólico das gemas é importante para a replicação do DNA e também o protege durante a radioterapia.

Café da manhã turco

2 PORÇÕES
PREPARO 5 minutos
TEMPO DE COZIMENTO 15 minutos

3 tomates holandeses cortados ao meio
1 abobrinha cortada em fatias grossas na diagonal
2 colheres (sopa) de azeite
1 dente de alho picado
2 colheres (chá) de orégano
2 ovos
½ xícara (60 g) de azeitona preta sem caroço
60 g de queijo feta amassado
sal marinho e pimenta-do-reino moída na hora

Um prato substancioso de verão do Mediterrâneo, com tomate e abobrinha assados, temperados com orégano e alho e um toque de azeitona. O queijo feta e o ovo fornecem a proteína para acompanhar os legumes. Rende um café da manhã tardio ideal. Sirva com dois ovos por pessoa se você estiver evitando o leite e seus derivados.

1 Preaqueça o forno a 180°C. Disponha em uma assadeira os tomates, com a parte do corte voltada para cima, e adicione a abobrinha. Regue com o azeite e espalhe o alho e o orégano. Tempere com sal e pimenta. Asse por 15 minutos, ou até ficar macio.

2 Enquanto isso, preencha uma frigideira com água até 2,5 cm. Deixe ferver e reduza o fogo. Quebre os ovos na água e cozinhe por 3-5 minutos, até que a clara fique firme, mas a gema ainda esteja mole. Misture as azeitonas e o queijo aos legumes e sirva com os ovos pochês (guarde na geladeira por até 1 dia).

INFORMAÇÕES NUTRICIONAIS POR PORÇÃO

Proteínas 13,3 g **Carboidratos** 4,6 g, dos quais 4,5 g açúcares **Gorduras** 19,9 g, dos quais 7 g saturadas **Quilocalorias** 251

BENEFÍCIOS PARA A SAÚDE

Os ovos são uma maneira econômica de aumentar a ingestão de proteínas: um ovo contém cerca de 6 g de proteína de alta qualidade. Eles são também uma boa fonte de colina – o principal componente de muitas estruturas que contêm gordura nas membranas das células, o que torna a substância particularmente importante para a função cerebral e a saúde.

Sardinha com tomate assado

Assar os tomates torna sua doçura mais intensa e contribui para o valor nutricional desta opção supersaudável de café da manhã. Sirva com pão de centeio ou de massa azeda.

4 PORÇÕES
PREPARO 5 minutos
TEMPO DE COZIMENTO 15 minutos

2 dentes de alho amassados
2 colheres (sopa) de azeite ou óleo de coco aquecido
200 g de tomate-cereja
200 g de folhas de espinafre baby
1 colher (chá) de suco de limão-siciliano
⅓ de xícara (60 g) de pinhole ou semente de girassol
240 g de sardinha em lata, em água ou azeite, escorrida
sal marinho e pimenta-do-reino moída na hora

1 Preaqueça o forno a 190°C. Misture o alho com o azeite.

2 Disponha os tomates em uma assadeira e despeje o azeite com alho por cima. Tempere com sal e pimenta. Asse por 10 minutos, ou até que os tomates fiquem macios, mas ainda mantenham a forma.

3 Junte as folhas de espinafre e o suco de limão, misture delicadamente aos tomates e asse por mais 5 minutos. Polvilhe com o pinhole e sirva com a sardinha – se preferir, a sardinha pode ser adicionada ao prato com o espinafre para os 5 minutos finais de cozimento. Guarde na geladeira por até 1 dia.

INFORMAÇÕES NUTRICIONAIS POR PORÇÃO

Proteínas 20,1 g **Carboidratos** 2,9 g, dos quais 2,8 g açúcares **Gorduras** 22,6 g, dos quais 4,7 g saturadas **Quilocalorias** 295

BENEFÍCIOS PARA A SAÚDE

Servir os tomates assados com um peixe rico em ômega 3 facilita a absorção de licopeno, um fitonutriente importante encontrado no tomate que protege contra certas formas de câncer. O espinafre, rico em vitaminas e minerais, fornece energia e é um ingrediente valioso.

Sopas e pratos leves

Quando a energia está baixa e o apetite é pouco, a melhor solução é uma sopa ou um prato leve, rápido e fácil de preparar, mas ainda assim saudável. Um caldo rico em nutrientes, ou uma carne, peixe ou prato vegetariano leve, feitos de maneira simples, contêm ingredientes capazes de cuidar e tratar do corpo. As sopas e refeições deste capítulo dão um toque original ao dia a dia, como a Sopa de brócolis e castanha-de--caju, sem leite e seus derivados, e um prato rápido e fácil de Camarão à siciliana. Todas as receitas têm como objetivo o uso de ingredientes que ajudam na recuperação do câncer, pois promovem o bom funcionamento do sistema imunológico, reduzem a inflamação e auxiliam na cura. Muitas delas podem ser preparadas com antecedência. Se optar por não comer produtos de origem animal, várias receitas podem ser adaptadas utilizando-se proteína vegetal.

Na página ao lado: Sopa cremosa de couve-flor (p. 72)
Acima: Salada superverde com frango (p. 76)

Sopa de brócolis e castanha-de-caju

4 PORÇÕES
PREPARO 20 minutos
TEMPO DE COZIMENTO 6 minutos

4 xícaras (1 litro) de caldo de legumes
2 dentes de alho amassados
1 cm de gengibre fresco ralado
⅓ de xícara (60 g) de castanha-de-caju
1 colher (chá) de molho de peixe tailandês (nam pla)
1 colher (sopa) de vinagre de maçã
1 colher (sopa) de shoyu ou tamari, mais um pouco para finalizar
500 g de brócolis, cortado em pequenos buquês
1 colher (sopa) de azeite
sal marinho e pimenta-do-reino moída na hora

Uma sopa aveludada especialmente apetitosa para quando a fome é pouca ou você quer uma refeição bem equilibrada em um único prato. Ela tem um quê asiático, com o sabor salgado e picante do molho de peixe tailandês, que complementa o da castanha-de-caju. Sirva com pão integral ou de centeio.

1 Coloque o caldo, o alho, o gengibre, a castanha-de-caju, o molho de peixe, o vinagre e o tamari em uma panela grande e deixe ferver. Adicione os buquês de brócolis e cozinhe por 2 minutos, ou até ficarem macios.

2 Bata a sopa no liquidificador ou em processador até ficar homogêneo e grosso. Adicione o azeite e bata novamente para misturar. Tempere com sal e pimenta. Regue com um pouco de tamari ou shoyu e sirva (guarde na geladeira por até 3 dias ou congele por 1 mês).

INFORMAÇÕES NUTRICIONAIS POR PORÇÃO

Proteínas 8,5 g **Carboidratos** 5,2 g, dos quais 2,8 g açúcares **Gorduras** 12,3 g, dos quais 2 g saturadas **Quilocalorias** 167

BENEFÍCIOS PARA A SAÚDE

A combinação de brócolis, alho e gengibre fornece nutrientes e fitoquímicos capazes de regular a função imunológica e reduzir o excesso de inflamação.

Tomates em rama e um toque de pesto rico em ômega 3 dão muito mais que apenas um gostinho.

Sopa de alho e feijão com pesto

Assar o alho e os tomates confere um sabor adocicado e caramelizado a esta sopa de estilo mediterrâneo. O pesto, ácido e picante, pode ser preparado com antecedência e guardado na geladeira. Você também pode diluí-lo em um pouco de caldo de legumes para fazer um molho para vegetais e cereais. Sirva com biscoito de aveia salgado.

4 PORÇÕES
PREPARO 10 minutos
TEMPO DE COZIMENTO 35 minutos

1 cabeça de alho descascada
2 colheres (sopa) de azeite
450 g de tomate holandês cortado em quatro
250 g de feijão-rajado ou fradinho cozido e escorrido
700 ml de caldo de legumes
1 colher (sopa) de suco de limão-siciliano
sal marinho e pimenta-do-reino moída na hora

Pesto de semente de abóbora
¼ de xícara (30 g) de pistache sem casca
¼ de xícara (30 g) de semente de abóbora
dois punhados de folhas de manjericão
um punhado de folhas de hortelã
1 dente de alho picado
2 colheres (sopa) de levedura em flocos (opcional)
1 colher (sopa) de suco de limão-siciliano
2-3 colheres (sopa) de azeite

1 Preaqueça o forno a 200°C. Disponha os dentes de alho em uma assadeira, adicione o azeite e misture. Asse por 15 minutos. Acrescente os tomates e asse por mais 10-15 minutos até ficarem macios, e o alho, levemente dourado.
2 Bata o alho, o tomate, o feijão e o caldo no liquidificador ou em um processador, até homogeneizar. Despeje em uma panela e aqueça suavemente, até ficar quente. Junte o suco de limão e tempere com sal e pimenta.
3 Para o pesto, bata o pistache e as sementes em um processador, até ficar bem moído. Adicione as ervas, o alho, a levedura em flocos (se for usar), o suco de limão, uma pitada de sal e bata mais. Regue com o azeite com o processador ligado, para obter uma pasta. Sirva a sopa com 1 colher (sopa) de pesto (guarde-a na geladeira por até 3 dias. O pesto dura até 1 semana na geladeira).

INFORMAÇÕES NUTRICIONAIS POR PORÇÃO
Proteínas 5,9 g **Carboidratos** 13,7 g, dos quais 5,5 g açúcares **Gorduras** 3,9 g, dos quais 0,5 g saturadas **Quilocalorias** 116

BENEFÍCIOS PARA A SAÚDE
Os tomates têm antioxidantes e fitonutrientes, que protegem contra certas formas de câncer. Um deles, a alfa-tomatina, tem sido associado à prevenção do câncer de próstata, e o carotenoide licopeno pode ajudar a prevenir o câncer de mama. O pesto é rico em gorduras essenciais ômega 3 e em zinco, encontrado nas sementes de abóbora. A hortelã ajuda na digestão.

Sopa cremosa de couve-flor

4 PORÇÕES
PREPARO 10 minutos
TEMPO DE COZIMENTO 20 minutos

Uma sopa reconfortante, sem leite e derivados, à base de leite de coco e com um toque picante de alho e pimenta. Ela pode ser preparada com antecedência e reaquecida. Sirva com torradas de pão de centeio ou de pão preto.

- 1 colher (sopa) de azeite ou óleo de coco
- 1 cebola bem picada
- 3 dentes de alho picados
- 1 pimenta vermelha, sem sementes e cortada em cubinhos (opcional)
- ½ colher (chá) de cúrcuma
- 1 couve-flor grande, separada em buquês
- 1½ xícara (400 ml) de leite de coco
- 2½ xícaras (600 ml) de caldo de legumes
- 2 colheres (chá) de tamari ou shoyu
- pimenta-do-reino moída na hora
- um punhado de coentro picado, para servir

1 Aqueça o óleo de coco ou azeite em uma panela grande em fogo médio e frite levemente a cebola, o alho, a pimenta vermelha (se for usar) e a cúrcuma durante 5 minutos. Junte os buquês de couve-flor e mexa para revesti-los com o óleo.

2 Despeje o leite de coco, o caldo e o tamari ou shoyu. Deixe ferver, abaixe o fogo e espere borbulhar suavemente durante 15 minutos ou até que a couve-flor esteja macia. Tempere a gosto com pimenta-do-reino.

3 Bata a sopa no liquidificador ou em um processador, até ficar homogênea. Sirva com folhas de coentro picadas (guarde na geladeira por até 3 dias ou congele por 1 mês).

INFORMAÇÕES NUTRICIONAIS POR PORÇÃO

Proteínas 4,7 g **Carboidratos** 10,7 g, dos quais 9,3 g açúcares **Gorduras** 3,8 g, dos quais 2,4 g saturadas **Quilocalorias** 95

BENEFÍCIOS PARA A SAÚDE

A curcumina, presente na cúrcuma, tem a propriedade de prevenir o câncer e as inflamações, e a pimenta contém capsaicina, também conhecida por seus efeitos anticâncer. A couve-flor é um vegetal crucífero rico em fitonutrientes chamados glucosinolatos, que podem ajudar a ativar enzimas de desintoxicação, reduzindo a carga tóxica no corpo. Ela é rica em antioxidantes, inclusive a vitamina C, o manganês e outros fitonutrientes, bem como a vitamina K, conhecida por suas propriedades anti-inflamatórias.

Sopas confortam
o corpo e a alma.

Bisque de pimentão com creme de pimenta

4 PORÇÕES
PREPARO 10 minutos
TEMPO DE COZIMENTO
25 minutos, mais o tempo para resfriar e refrigerar

3 pimentões vermelhos cortados ao meio e sem sementes
1 colher (sopa) de azeite ou óleo de coco
1 cebola roxa picada finamente
1 dente de alho picado
uma pitada de pimenta vermelha moída (opcional)
2½ xícaras (600 ml) de caldo de legumes
250 g de feijão-branco cozido e escorrido

Creme de pimenta
100 g de iogurte grego
1 pimenta vermelha, sem sementes e picada
2 colheres (sopa) de manjericão picado grosseiramente

O feijão-branco fornece a proteína desta sopa gelada de verão coberta com um pouco de iogurte apimentado – embora você possa fazer uma versão sem pimenta, se preferir. A bisque também fica deliciosa quente. Sirva com pão de massa azeda ou biscoito de aveia.

1 Preaqueça o forno, de preferência com grill. Disponha os pimentões em uma assadeira com o corte virado para baixo e asse até a pele ficar toda escura. Transfira para uma tigela, cubra com filme de PVC e deixe esfriar por 10 minutos. Retire a pele e pique a polpa.
2 Aqueça o azeite em uma panela grande em fogo baixo e frite a cebola e o alho por 3-4 minutos, até ficarem macios. Junte o pimentão e a pimenta vermelha, se for usar, e misture bem.
3 Adicione o caldo e o feijão e deixe ferver, tampado, por 10 minutos. Bata a sopa no liquidificador ou no processador, e depois passe por uma peneira. Cubra e leve à geladeira até servir (ou mantenha aquecido, se for servir quente).
4 Para o creme de pimenta, coloque o iogurte, a pimenta vermelha e o manjericão em um processador e pulse para misturar – deixe alguns flocos visíveis de pimenta e manjericão. Sirva a sopa coberta com 1 colher de creme de pimenta (guarde na geladeira por até 3 dias ou congele por 1 mês).

INFORMAÇÕES NUTRICIONAIS POR PORÇÃO
Proteínas 4,8 g **Carboidratos** 13,6 g, dos quais 6,5 g açúcares **Gorduras** 3,5 g, dos quais 2,4 g saturadas **Quilocalorias** 104

BENEFÍCIOS PARA A SAÚDE
O feijão-branco possui proteínas e fibra solúvel para a saúde digestiva. Pimentões são uma fonte excelente de vitamina C e também fornecem fitoquímicos – que protegem contra o câncer –, como o licopeno e o betacaroteno (precursor da vitamina A).

Bolinho de peru com molho refrescante

O sabor asiático faz destes apetitosos bolinhos uma ótima pedida quando a fome é pouca. Eles são ricos em proteínas e vitaminas do complexo B, que elevam níveis baixos de energia, e o molho, feito com iogurte, gengibre e hortelã, pode ser útil para aliviar problemas digestivos. Sirva com uma salada mista ou acelga no vapor.

2 PORÇÕES
PREPARO 15 minutos, mais o tempo para refrigerar
TEMPO DE COZIMENTO 16 minutos

250 g de peito de peru sem pele e picado
2 colheres (sopa) de molho de peixe tailandês (nam pla)
1 colher (sopa) de tamari ou shoyu
1 cm de gengibre fresco ralado
½ cebola roxa picada finamente
1 dente de alho picado
1 colher (sopa) de azeite ou óleo de coco

Molho

¾ de xícara (200 g) de iogurte natural grego ou de soja
2 pimentas verdes, sem sementes e picadas (opcional)
um punhado de hortelã bem picada
1 cm de gengibre fresco ralado
sal marinho e pimenta-do-reino moída na hora

1 Para fazer o molho, coloque todos os ingredientes no liquidificador ou em um processador e bata para misturar. Deixe na geladeira até a hora de servir.

2 No liquidificador ou processador, bata o peito de peru com o molho de peixe, o shoyu ou tamari, o gengibre, a cebola e o alho. Misture para formar um purê grosso. Transfira para uma tigela, cubra e leve à geladeira por 20 minutos.

3 Com as mãos úmidas, molde oito bolinhos com a mistura. Achate-os. Aqueça o azeite em uma frigideira em fogo médio e doure-os aos poucos por 3-4 minutos de cada lado, até que estejam bem fritos. Sirva-os com o molho (guarde na geladeira por até 3 dias ou congele, antes de fritar, por 1 mês).

INFORMAÇÕES NUTRICIONAIS POR PORÇÃO

Proteínas 36,6 g **Carboidratos** 16,6 g, dos quais 14,9 g açúcares **Gorduras** 2,2 g, dos quais 1 g saturada **Quilocalorias** 225

BENEFÍCIOS PARA A SAÚDE

A carne de peru magra é rica em proteínas, e com o gengibre ajuda na digestão. A capsaicina da pimenta é o que lhes confere a picância característica e é também um inibidor potente da substância P, um neuropeptídeo associado a processos inflamatórios. Estudos também sugerem que ela pode interromper a disseminação das células cancerosas da próstata e diminuir a ação do antígeno prostático específico (PSA).

Uma mistura natural de sabores
revigora e nutre todo o corpo.

Salada superverde com frango

Uma salada verde de sabor marcante, rica em nutrientes, vitaminas, minerais, proteínas e gorduras saudáveis. A adição das castanhas e das sementes confere crocância e fornece minerais essenciais, como magnésio, manganês, ferro, zinco e selênio. O frango assado, como proteína adicional, pode ser omitido ou substituído por uma seleta de feijões frios.

4 PORÇÕES
PREPARO 10 minutos, mais 20 minutos para demolhar

115 g de cada: folhas de agrião, rúcula e espinafre
60 g de broto de alfafa
60 g de broto de feijão
2 filés de peito de frango assados sem pele
1 abacate maduro em fatias
⅓ de xícara (60 g) de castanha-do-pará picada
¼ de xícara (30 g) de semente de abóbora
1 folha de nori

Molho de castanha
¾ de xícara (125 g) de castanha-de-caju
1 dente de alho
raspas e suco de 1 limão-siciliano
2 colheres (chá) de spirulina ou chlorella em pó (opcional)
2 colheres (chá) de levedura em flocos (opcional)
pimenta-do-reino moída na hora

1 Para o molho, mergulhe as castanhas-de-caju na água por 20 minutos e depois escorra. Coloque-as no liquidificador ou em um processador com os outros ingredientes do molho. Adicione 125 ml ou ½ xícara de água, tempere com um pouco de pimenta e bata até obter uma consistência leve e fluida. Adicione um pouco mais de água, se necessário.

2 Em uma tigela grande, misture o agrião, a rúcula, o espinafre, os brotos de alfafa e os de feijão. Despeje um pouco do molho só para cobrir as folhas, se quiser.

3 Fatie o frango. Sirva a salada com as fatias de abacate, as castanhas, as sementes, as fatias de frango e a folha de nori rasgada por cima. Regue com um pouco mais de molho (guarde na geladeira sem o molho por até 2 dias).

INFORMAÇÕES NUTRICIONAIS POR PORÇÃO (COM 1 COLHER DE SOPA DE MOLHO)
Proteínas 25,1 g **Carboidratos** 4,2 g, dos quais 1,5 g açúcares **Gorduras** 24,2 g, dos quais 5,4 g saturados **Quilocalorias** 335

BENEFÍCIOS PARA A SAÚDE
Verduras amargas, como a rúcula e o agrião, estimulam as secreções digestivas e são ricas em antioxidantes protetores. Usar os pós verdes opcionais de superalimentos – a spirulina e a chlorella – no molho é uma maneira excelente de adicionar mais aminoácidos (que constroem as proteínas), vitaminas e minerais à sua dieta.

Hambúrguer de cordeiro com maionese de wasabi

4 PORÇÕES
PREPARO 15 minutos
TEMPO DE COZIMENTO 15 minutos

400 g de carne de cordeiro magra moída
1 dente de alho picado
1 cebola roxa ralada
1 colher (sopa) de azeite ou óleo de coco (opcional)
sal marinho e pimenta-do-reino moída na hora

Maionese de wasabi
150 g de tofu macio cortado em cubos
3 colheres (sopa) de azeite ou óleo de linhaça
1 colher (sopa) de suco de limão-siciliano
1 colher (chá) de xilitol ou ½ colher (chá) de estévia
uma pitada de matchá (opcional)
1 colher (chá) de pó de wasabi

Acompanhados por uma maionese marcante de wasabi, estes hambúrgueres são rápidos e fáceis de preparar. Eles podem ser congelados crus, por isso são perfeitos quando você não sentir vontade de cozinhar. Sirva-os assados ou fritos, com uma salada verde ou legumes no vapor.

1 Coloque o cordeiro em uma tigela grande e junte o alho e a cebola. Tempere com sal e pimenta. Misture tudo com as mãos, depois molde a mistura em oito bolas e amasse-as na forma de hambúrgueres.

2 Aqueça o óleo em uma frigideira em fogo médio e frite por 5 minutos de cada lado, ou até ficar no ponto. Se for assar, preaqueça o forno, disponha os hambúrgueres em uma assadeira forrada com papel-alumínio e asse por 6-7 minutos de cada lado até ficarem cozidos, mas não dourados demais.

3 Para a maionese, bata todos os ingredientes em um liquidificador ou processador, até ficar homogêneo. Junte um pouco de água, se estiver grosso. Sirva com a maionese (os hambúrgueres crus podem ser congelados por até 1 mês).

INFORMAÇÕES NUTRICIONAIS POR PORÇÃO
Proteínas 22,4 g **Carboidratos** 2,7 g, dos quais 2,2 g açúcares **Gorduras** 23,9 g, dos quais 9,3 g saturadas **Quilocalorias** 314

BENEFÍCIOS PARA A SAÚDE
O cordeiro é uma carne rica em proteínas, antioxidantes, selênio e zinco para o sistema imunológico, e vitaminas do complexo B, fonte de energia. O wasabi japonês, com seu aroma distinto, é tradicionalmente utilizado pelo sabor, mas também está incluído aqui por suas propriedades antimicrobianas, anticancerígenas e anti-inflamatórias.

A maionese de wasabi é capaz
de sacudir um apetite desanimado.

KING

Sardinha assada com coco e limão

Quando você se sentir com pouca energia, recorra a este prato: exige o mínimo de preparação e é muito saboroso. Sardinhas são baratas e ricas em nutrientes e, com algumas verduras, formam uma refeição completa e bastante conveniente, que preenche todos os quesitos saudáveis. Você também pode usar filés de carapau ou cavalinha.

4 PORÇÕES
PREPARO 10 minutos
TEMPO DE COZIMENTO 25 minutos

1½ xícara (400 ml) de leite de coco
1 colher (sopa) de amido de milho
2 colheres (chá) de pasta de curry vermelho tailandês
raspas e suco de 1 limão
1 colher (chá) de cúrcuma
⅓ de xícara (80 ml) de caldo de legumes ou água
8 sardinhas ou 4 carapaus pequenos, em filé
2 couves-chinesas cortadas em quatro
12 tomates-cereja cortados ao meio
sal marinho e pimenta-do-reino moída na hora

1 Preaqueça o forno a 180°C. Misture um pouco do leite de coco com o amido para formar uma pasta lisa. Em uma panela, misture o leite de coco restante com a pasta de amido, a pasta de curry, as raspas e o suco de limão, a cúrcuma e o caldo de legumes, e aqueça em fogo brando, mexendo sem parar, até a mistura engrossar. Tempere com sal e pimenta. Reserve.

2 Disponha as sardinhas com o lado da pele para baixo em um refratário grande e raso, e junte a couve-chinesa. Regue com o molho de coco e espalhe os tomates entre as sardinhas. Asse por 20 minutos ou até que as sardinhas estejam cozidas. Sirva quente (melhor se consumido fresco, mas pode ser guardado na geladeira por até 1 dia).

INFORMAÇÕES NUTRICIONAIS POR PORÇÃO

Proteínas 43,5 g **Carboidratos** 15,1 g, dos quais 8,4 g açúcares **Gorduras** 20,2 g, dos quais 5,7 g saturadas **Quilocalorias** 413

BENEFÍCIOS PARA A SAÚDE

As sardinhas são uma fonte abundante de proteína e de gorduras ômega 3 anti-inflamatórias, que ajudam a manter a massa muscular e facilitam a cicatrização. Elas contêm também vitamina D, cálcio e selênio.

Camarão à siciliana

4 PORÇÕES
PREPARO 15 minutos, mais 1 hora ou uma noite para marinar
TEMPO DE COZIMENTO 3 minutos

24 camarões crus descascados
1 colher (chá) de azeite ou óleo de coco

Marinada de ervas frescas
2 colheres (sopa) de alcaparras enxaguadas
1 filé de aliche em conserva
2 dentes de alho
uma pitada de pimenta vermelha moída
um punhado, de cada, de folhas de hortelã, coentro e salsinha
3 colheres (sopa) de vinagre balsâmico
6 colheres (sopa) de azeite
sal marinho e pimenta-do-reino moída na hora

Salada de pimentão assado
3 pimentões vermelhos cortados em tiras, assados
1 cebola roxa finamente picada
2 colheres (sopa) de alcaparras enxaguadas
8 azeitonas pretas cortadas ao meio

Estes camarões suculentos, marinados em molho de ervas frescas e servidos com uma salada simples de pimentão, são uma refeição prática e rica em proteínas. Marinar os camarões no molho intensifica o sabor. A salada e a marinada também podem ser servidas sem os camarões e rendem uma boa refeição ou um lanche leve e saudável.

1 Para fazer a marinada, coloque todos os ingredientes em um processador de alimentos e pulse para obter uma textura grossa.
2 Coloque os camarões em um prato raso e despeje mais da metade da marinada. Cubra e deixe na geladeira por 1-2 horas ou durante a noite.
3 Aqueça o azeite em uma frigideira em fogo médio. Adicione os camarões com a marinada e refogue por 2-3 minutos, até ficarem cozidos e rosados.
4 Misture todos os ingredientes da salada em uma tigela. Sirva coberta com os camarões e com a marinada restante (guarde na geladeira sem a marinada por até 2 dias).

INFORMAÇÕES NUTRICIONAIS POR PORÇÃO
Proteínas 12,8 g **Carboidratos** 5,4 g, dos quais 4,9 g açúcares **Gorduras** 25,6 g, dos quais 4,3 g saturadas **Quilocalorias** 306

BENEFÍCIOS PARA A SAÚDE
Camarões são uma boa fonte de gorduras ômega 3, selênio e vitaminas do complexo B. O ácido docosahexaenoico (DHA), um tipo de ácido graxo ômega 3 encontrado em camarões e peixes de água fria, reduz o tamanho dos tumores e aumenta os efeitos positivos de certas drogas da quimioterapia, ao mesmo tempo que limita os seus efeitos colaterais.

Lula com repolho e nozes

Sirva esta salada quente e crocante como uma alternativa à clássica salada coleslaw. O repolho-roxo é uma crucífera rica em nutrientes e, com maçã, nozes e cereja, rende um prato colorido e saudável. A salada continua nutritiva se servida sem a lula.

4 PORÇÕES
PREPARO 10 minutos
TEMPO DE COZIMENTO 10 minutos

½ xícara (60 g) de nozes
250 g de lula limpa cortada em anéis, mais os tentáculos
2 colheres (sopa) de azeite ou óleo de coco
1 repolho-roxo pequeno fatiado
2 dentes de alho amassados
1 cm de gengibre fresco ralado
½ pimenta-malagueta sem sementes picada finamente (opcional)
2 maçãs raladas
3 colheres (sopa) de vinagre de maçã
2 colheres (sopa) de tamari ou shoyu
1 colher (sopa) de suco de limão
2 colheres (sopa) de hortelã picada
2 colheres (sopa) de coentro picado
½ xícara (60 g) de cereja seca sem açúcar
sal marinho e pimenta-do-reino moída na hora

1 Toste levemente as nozes em uma frigideira em fogo médio por 1 minuto, mexendo sempre. Pique-as grosseiramente e reserve. Tempere a lula levemente com sal e pimenta.

2 Aqueça o azeite em uma frigideira em fogo médio. Adicione a lula e frite por 1-2 minutos, até ficarem ao ponto. Retire com uma escumadeira e reserve. Frite no azeite o repolho, o alho, o gengibre e a pimenta (se for usar) e deixe por 3 minutos, até o repolho amolecer ligeiramente.

3 Adicione as maçãs, o vinagre, o shoyu ou tamari e o suco de limão e mexa por 3-4 minutos, até o repolho ficar macio, mas ainda crocante. Junte a lula para aquecê-la. Acrescente as ervas e transfira para uma tigela. Salpique com as nozes e a cereja e tempere com sal e pimenta. Sirva imediatamente.

INFORMAÇÕES NUTRICIONAIS POR PORÇÃO

Proteínas 13,9 g **Carboidratos** 22,9 g, dos quais 21,6 g açúcares **Gorduras** 16,3 g, dos quais 5,3 g saturadas **Quilocalorias** 291

BENEFÍCIOS PARA A SAÚDE

Frutos do mar, como a lula, fornecem proteínas adicionais, além de minerais como cobre, selênio, fósforo e magnésio. O selênio é especialmente importante para reduzir inflamações. O cobre é necessário no corpo para formar as células vermelhas do sangue, que ajudam a manter os níveis de energia.

Espeto de tempeh ao molho hoisin

4 PORÇÕES
PREPARO 5 minutos, mais 1 hora para marinar
TEMPO DE COZIMENTO 10 minutos

400 g de tempeh ou tofu rígido
3 colheres (sopa) de molho hoisin
2 colheres (sopa) de tamari ou shoyu
2 cm de gengibre fresco ralado
1 pimenta-malagueta sem sementes picada (opcional)
1 dente de alho picado
3 colheres (sopa) de mirin ou 1 colher (sopa) de vinho de arroz
2 colheres (sopa) de caldo de legumes ou água

Salada de pepino agridoce
½ pepino
1 pimenta-malagueta pequena, sem sementes e cortada em tiras (opcional)
suco de ½ limão
2 colheres (sopa) de vinagre de arroz
2 colheres (sopa) de tamari ou shoyu
1 colher (sopa) de flocos de nori tostados
2 colheres (sopa) de coentro picado

Com sabor amendoado, o tempeh é um alimento fermentado nutritivo feito de grãos de soja. Rico em proteínas e fibras, rende um prato leve mas que sustenta e dá energia, e é ótimo para petiscar. Aqui, é servido com salada de pepino agridoce.

1 Enxugue o tempeh com papel-toalha e corte-o em cubos de 2 cm. Misture o molho hoisin, o tamari ou shoyu, o gengibre, a pimenta (se for usar), o alho, o mirin e o caldo. Coloque o tempeh em um prato raso e regue com a marinada. Deixe de molho por 1 hora ou durante uma noite.

2 Para a salada, corte o pepino em fatias bem finas e compridas usando um descascador de legumes. Coloque-as em uma tigela com a pimenta, se for usar. Misture os ingredientes restantes e despeje sobre o pepino. Deixe marinar por 30 minutos. Mergulhe oito espetos de madeira em água.

3 Preaqueça o forno em potência alta. Forre uma assadeira com papel-manteiga. Arrume quatro pedaços de tempeh em cada espeto e disponha na assadeira. Asse por 8-10 minutos até dourar, virando ocasionalmente e banhando com a marinada. Salpique a salada com coentro e sirva com o tempeh (guarde na geladeira por até 2 dias).

INFORMAÇÕES NUTRICIONAIS POR PORÇÃO
Proteínas 21,7 g **Carboidratos** 12,5 g, dos quais 2,1 g açúcares **Gorduras** 6,9 g, dos quais 0 g saturadas **Quilocalorias** 210

BENEFÍCIOS PARA A SAÚDE
O tempeh é rico em fibras, antioxidantes e isoflavonas naturais, incluindo a genisteína, que tem sido associada a uma incidência mais baixa de determinados cânceres, como o de próstata. Provou-se que a genisteína induz as substâncias químicas que bloqueiam o ciclo celular, evitando a proliferação de células cancerosas na próstata.

Sabores impressionantes
e o poder curativo dos
alimentos asiáticos.

Salada de couve com sementes tostadas

Esta salada simples e desintoxicante é rápida de preparar e ideal para um almoço leve, com ovos cozidos ou alguns pedaços de queijo feta. As sementes e castanhas tostadas podem ser comidas como um lanche saboroso e saudável, por isso vale a pena fazer uma quantidade grande e guardar em um recipiente hermético, onde estarão sempre prontas para o consumo, com um suco de fruta ou vitamina.

4 PORÇÕES
PREPARO 10 minutos
TEMPO DE COZIMENTO 3 minutos

250 g de folhas de couve, sem talos muito grossos, picadas grosseiramente
1 colher (chá) de sal com alho desidratado em flocos
1 colher (sopa) de levedura em flocos (opcional)
1 abacate maduro
3 colheres (sopa) de suco de limão-siciliano
½ colher (chá) de cominho em pó
1 colher (sopa) de azeite ou óleo de linhaça
2 colheres (chá) de tamari ou shoyu
200 g de tomate-cereja cortado ao meio
um punhado de broto de alfafa

Sementes e castanhas tostadas
2 colheres (sopa) de pinhole
6 colheres (sopa) de sementes variadas misturadas (de girassol, de abóbora e de linhaça)
2 colheres (sopa) de tamari ou shoyu

1 Para tostar as sementes e castanhas, coloque-as em uma frigideira em fogo médio e doure-as por 1 minuto, mexendo sempre. Quando elas começarem a mudar de cor, despeje o tamari ou shoyu por cima e misture bem. Agite por 1-2 minutos até ficar crocante. Deixe esfriar.

2 Ponha a couve em uma tigela grande e polvilhe com a mistura de sal e alho e a levedura em flocos, se for usar. Amasse com as mãos, para que a couve amoleça. Bata o abacate, o suco de limão, o cominho, o óleo ou azeite e o tamari ou shoyu no liquidificador ou em um processador, até ficar homogêneo. Despeje sobre a couve de modo que ela fique completamente coberta. Misture os tomates e espalhe os brotos de alfafa e as sementes e castanhas torradas (guarde na geladeira por até 2 dias).

INFORMAÇÕES NUTRICIONAIS POR PORÇÃO

Proteínas 9,8 g **Carboidratos** 7,8 g, dos quais 4,8 g açúcares **Gorduras** 24,3 g, dos quais 3,1 g saturadas **Quilocalorias** 289

BENEFÍCIOS PARA A SAÚDE

A couve é uma das crucíferas mais ricas em glucosinolatos, que desempenham papel fundamental na proteção contra muitas formas de câncer. Ela contém flavonoides, antioxidantes que ajudam a reduzir inflamações e a proteger contra os danos celulares (pessoas com problemas de tireoide devem limitar a ingestão de crucíferas cruas, pois podem diminuir a função da tireoide e desacelerar o metabolismo).

Remoulade de aipo, maçã e erva-doce

4 PORÇÕES
PREPARO 15 minutos

8 talos de aipo
2 maçãs cortadas em fatias finas
2 bulbos de erva-doce cortados em fatias finas
2 colheres (sopa) de alcaparra enxaguada e picada
8 pepinos em conserva pequenos, picados
3 colheres (sopa) de salsinha picada, mais um pouco para servir
2 colheres (sopa) de hortelã picada
sal marinho e pimenta-do-reino moída na hora

Maionese de tofu
150 g de tofu macio
1 colher (sopa) de mostarda de Dijon
raspas e suco de 1 limão-siciliano
150 ml de azeite ou óleo com índice alto de ômega 3 e 6
um pouco de caldo de legumes ou água, se necessário

Este prato não contém leite e derivados, e a maionese de tofu fornece proteínas, cálcio, magnésio e fitoestrógenos. Para acrescentar cor e auxiliar o fígado, experimente incluir um pouco de beterraba crua ralada. Para um pouco mais de proteína, junte algumas nozes, ou sirva a salada com uma carne ou peixe. O tofu macio, usado na maionese, é apropriado para molhos em geral e sobremesas.

1 Para a maionese, coloque o tofu, a mostarda e o suco de limão no liquidificador ou processador e ligue o aparelho. Adicione o óleo ou azeite em um fluxo constante para formar um molho grosso e cremoso. Pode ser necessário adicionar um pouco de água ou caldo para diluir um pouco. Junte as raspas de limão e reserve.

2 Corte os talos de aipo em fatias finas e coloque em uma tigela grande com as maçãs e a erva-doce. Adicione a alcaparra, o pepino em conserva, a salsinha e a hortelã. Despeje a maionese de tofu por cima e misture. Tempere com sal e pimenta, polvilhe com salsinha e sirva (guarde na geladeira por até 3 dias).

INFORMAÇÕES NUTRICIONAIS POR PORÇÃO
Proteínas 4,9 g **Carboidratos** 6,9 g, dos quais 6,5 g açúcares **Gorduras** 37,1 g, dos quais 3,5 g saturadas **Quilocalorias** 407

BENEFÍCIOS PARA A SAÚDE
A erva-doce é conhecida por suas propriedades digestivas e auxilia na digestão da gordura, estimulando a vesícula biliar a aumentar o fluxo de bile. As maçãs são uma boa fonte de pectina – fibra solúvel que também ajuda na digestão.

Uma salada leve e refrescante é perfeita para acalmar o sistema digestório.

Salada de algas e pepino

4 PORÇÕES
PREPARO 10 minutos, mais 15 minutos para demolhar
TEMPO DE COZIMENTO 5 minutos

60 g de algas secas variadas
2 xícaras (150 g) de edamame (grãos de soja ainda na vagem)
1 pepino
200 g de folhas de rúcula ou uma mistura de folhas verdes
3 cebolinhas cortadas em fatias finas

Molho de soja com limão
2 colheres (sopa) de azeite ou óleo de linhaça
1 cm de gengibre fresco ralado
raspas e suco de 1 limão
1 colher (sopa) de tamari ou shoyu

Juntar algas à salada é uma maneira fácil de aumentar a ingestão de iodo, cuja deficiência tem sido associada ao desenvolvimento do câncer de mama. Este prato de inspiração japonesa é leve e refrescante e pode ser servido com um peixe ou camarões cozidos no vapor.

1 Mergulhe as algas na água por 15 minutos ou de acordo com as instruções da embalagem, depois escorra bem. Coloque o edamame em uma panela de cozimento a vapor e cozinhe em fogo alto por 5 minutos ou até ficar macio. Escorra e enxágue com água fria.
2 Corte o pepino em tiras longas usando um descascador de legumes. Coloque todos os ingredientes do molho em uma tigela pequena e mexa bem.
3 Misture a rúcula, as algas, a cebolinha, o pepino e o edamame em uma tigela grande, regue com o molho e incorpore antes de servir (guarde na geladeira sem o molho por até 2 dias).

INFORMAÇÕES NUTRICIONAIS POR PORÇÃO
Proteínas 11,9 g **Carboidratos** 4,3 g, dos quais 3,2 g açúcares **Gorduras** 10,5 g, dos quais 1,2 g saturadas **Quilocalorias** 163

BENEFÍCIOS PARA A SAÚDE
Algas, como dulse, kelp, nori e arame, são ricas em minerais e enxofre, que podem desempenhar um papel importante na redução do risco de cânceres relacionados ao estrógeno – como o câncer de mama.

Salada morna de lentilha e feijão

O feijão-branco possui uma textura cremosa e cria um contraste delicioso com o aipo crocante, a lentilha puy e o sabor adocicado do tomate assado. Você pode usar lentilha enlatada, se preferir, para esta salada substanciosa.

4 PORÇÕES
PREPARO 10 minutos
TEMPO DE COZIMENTO 20 minutos

3 colheres (sopa) de azeite
3 dentes de alho amassados
250 g de tomate-cereja cortado ao meio
1 xícara (200 g) de lentilha puy lavada
1 cebola roxa finamente picada
1 talo de aipo finamente picado
250 g de feijão-branco cozido e escorrido
2 colheres (sopa) de vinagre balsâmico
2 colheres (sopa) de hortelã picada
2 colheres (sopa) de salsinha picada
sal marinho e pimenta-do-reino moída na hora

1 Preaqueça o forno a 200°C. Misture 2 colheres (sopa) de azeite com o alho. Disponha o tomate-cereja em uma assadeira e regue com o azeite de alho. Asse por 10 minutos, ou até ficar macio.

2 Enquanto isso, ponha a lentilha em uma panela e adicione água o suficiente para cobri-la. Deixe ferver e cozinhe por 10-12 minutos, até ficarem macias. Escorra e enxágue.

3 Aqueça o azeite restante em uma frigideira em fogo médio e frite levemente a cebola e o aipo por 2-3 minutos, até ficarem macios. Adicione a lentilha, o feijão e o vinagre balsâmico, e cozinhe por 1-2 minutos, até aquecer. Junte os tomates e as ervas e tempere com sal e pimenta. Sirva morno (guarde na geladeira por até 3 dias).

INFORMAÇÕES NUTRICIONAIS POR PORÇÃO

Proteínas 16,6 g **Carboidratos** 34,3 g, dos quais 5,1 g açúcares **Gorduras** 8,3 g, dos quais 2,8 g saturados **Quilocalorias** 281

BENEFÍCIOS PARA A SAÚDE

Assar os tomates aumenta a disponibilidade do licopeno, um antioxidante potente que ajuda na recuperação do câncer. Feijões e lentilhas são uma boa fonte de proteínas, fibras solúveis e fitoestrógenos; já o alho tem propriedades anti-inflamatórias.

Pratos principais

Durante o tratamento e a recuperação de um câncer, em alguns momentos você desejará uma comida quente e reconfortante, rica em sabores e ingredientes nutritivos. Neste capítulo, criamos uma seleção de pratos principais saborosos e fáceis de preparar para satisfazer o seu apetite e, ao mesmo tempo, sua necessidade de nutrientes. Demos um toque inovador a alguns pratos conhecidos, como o Gratinado de peixe e camarão, além do Cabrito com gremolata, e sugerimos também combinações mais exóticas, como o Frango com gengibre e umeboshi, e a Cavalinha ao tamarindo. Muitos deles duram na geladeira e podem ser congelados ou preparados de antemão.

Na página ao lado: Salmão com molho vierge (p. 104)
Acima: Tempeh assado com piperade (p. 110)

Refogado oriental de frango

Neste prato super-rápido, tiras de frango temperado são misturadas a uma combinação colorida de legumes e castanhas tostadas. Escolha um frango orgânico, se possível, para reduzir sua exposição a hormônios e antibióticos. Sirva acompanhado de trigo-sarraceno ou de macarrão integral.

4 PORÇÕES
PREPARO 10 minutos
TEMPO DE COZIMENTO 10 minutos

- 60 g de castanha-de-caju
- 1 ovo
- 1 colher (sopa) de amido de milho
- 450 g de filé de peito de frango sem pele, cortado em tiras
- 1 colher (sopa) de azeite ou óleo de coco
- 4 cebolinhas fatiadas
- 100 g de ervilha-torta limpa
- 1 couve-chinesa com as folhas separadas
- 1 pimentão amarelo sem sementes cortado em tiras
- 1 pimentão vermelho sem sementes cortado em tiras
- 150 g de shiitake fatiado
- 4 colheres (sopa) de caldo de galinha
- suco de 1 limão
- 2-3 colheres (sopa) de tamari ou shoyu
- 2 colheres (sopa) de folhas de coentro
- sal marinho e pimenta-do-reino moída na hora

1 Torre levemente as castanhas em uma frigideira em fogo médio por 1 minuto, mexendo sempre. Reserve. Coloque o ovo em uma tigela grande, adicione o amido de milho e uma pitada de sal e misture. Cubra o frango com a mistura de ovos.

2 Aqueça uma frigideira ou wok com o azeite em fogo médio. Frite o frango por 4-5 minutos, até dourar.

3 Acrescente a cebolinha e refogue por alguns segundos. Junte a ervilha-torta, a couve-chinesa e os pimentões e refogue por 1 minuto, ou até ficar levemente amolecido. Adicione o frango, o shiitake, o caldo, o suco de limão e o shoyu ou tamari. Refogue por 1 minuto, ou até que os cogumelos fiquem macios. Junte a castanha e o coentro e tempere com sal e pimenta. Sirva em seguida (guarde na geladeira por até 3 dias).

INFORMAÇÕES NUTRICIONAIS POR PORÇÃO

Proteínas 34,9 g **Carboidratos** 17 g, dos quais 8,2 g açúcares **Gorduras** 12,9 g, dos quais 4,2 g saturadas **Quilocalorias** 323

BENEFÍCIOS PARA A SAÚDE

O frango é um alimento energizante, rico em vitaminas do complexo B e proteínas e pobre em gorduras saturadas. É uma fonte excelente de niacina, uma vitamina do complexo B que defende contra o câncer e ajuda a proteger os componentes do DNA.

Revitalize seu paladar com sabores frescos e texturas contrastantes.

Frango com gengibre e umeboshi

4 PORÇÕES
PREPARO 10 minutos, mais 15 minutos para marinar
TEMPO DE COZIMENTO 10 minutos

O umeboshi é um condimento tradicional japonês com sabor frutado, azedo e marcante. Nesta receita ele é combinado com gengibre e mel para criar o molho do frango. Este prato é servido com salada de agrião, erva--doce e nabo, que ajuda na digestão.

8 coxas de frango desossadas e com pele
3 colheres (sopa) de mel
1 colher (sopa) de umeboshi amassado em forma de pasta
5 mm de gengibre fresco ralado
½ colher (chá) da mistura cinco especiarias chinesas*
uma pitada de páprica
1 colher (sopa) de azeite ou óleo de coco
4 colheres (sopa) de caldo de legumes ou de galinha
60 g de agrião
1 manga pequena madura fatiada
115 g de nabo daikon cortado em palitos
1 bulbo de erva-doce fatiado finamente
1 colher (sopa) de suco de limão-siciliano
1 colher (sopa) de azeite ou óleo de linhaça

1 Coloque o frango em um prato raso. Misture o mel, a pasta de umeboshi e os temperos. Despeje a mistura sobre o frango e deixe marinar por 15 minutos.

2 Aqueça o azeite em uma frigideira em fogo médio, adicione as coxas de frango e refogue por 3-4 minutos, até dourar. Acrescente a marinada restante e o caldo de galinha. Tampe e deixe em fogo brando por 6-7 minutos, até que as coxas estejam cozidas.

3 Misture o agrião, a manga, o nabo, a erva-doce, o suco de limão e o óleo ou azeite em uma tigela (ou arrume a salada nos pratos e regue com limão e azeite). Sirva o frango com a salada (as sobras podem ser guardadas na geladeira por até 2 dias).

*Uma mistura de anis-estrelado, canela, cravo, endro e pimenta – todos em pó.

INFORMAÇÕES NUTRICIONAIS POR PORÇÃO

Proteínas 27,3 g **Carboidratos** 19,6 g, dos quais 19,6 g açúcares **Gorduras** 15 g, dos quais 4,8 g saturadas **Quilocalorias** 324

BENEFÍCIOS PARA A SAÚDE

O umeboshi, feito de um tipo de ameixa japonesa em conserva, é utilizado em pratos japoneses para estimular a digestão. Essas ameixas são conhecidas pelas propriedades alcalinizantes saudáveis – considera-se que um ambiente alcalino oferece menor risco de câncer.

Korma de peru e pistache

4 PORÇÕES
PREPARO 15 minutos, mais 30 minutos para marinar
TEMPO DE COZIMENTO 30 minutos

400 g de peito de peru sem pele, em tiras
3 colheres (sopa) de iogurte natural grego ou de soja
½ colher (chá) de garam masala
5 mm de gengibre fresco ralado
½ pimentão verde sem sementes e picado (opcional)
½ colher (chá) de cúrcuma
1 colher (chá) de pasta de tamarindo
1 dente de alho picado

Molho de pistache
2 cebolas picadas
1 cm de gengibre fresco ralado
½ colher (chá) de cúrcuma
2 dentes de alho amassados
60 g de pistache
1 colher (sopa) de azeite ou óleo de coco
1 xícara (200 ml) de caldo de galinha
150 g de iogurte natural grego ou de soja
200 g de folhas de espinafre
2 colheres (sopa) de coentro picado, mais algumas folhas inteiras para servir

O pistache rende um molho especial para este curry variado e balanceado. A marinada de iogurte temperado mantém o peru suculento e macio, enquanto o tamarindo dá um toque ácido. Para uma variação sem leite e derivados, você pode usar iogurte de soja em vez do grego. Sirva com legumes no vapor e um pouco de arroz integral.

1 Disponha o peru em um prato raso. Misture os demais ingredientes e esfregue-os na carne. Deixe marinar por 30 minutos.

2 Para o molho de pistache, coloque as cebolas, os temperos e o alho no liquidificador ou processador e pulse até obter uma pasta. Torre levemente o pistache em uma frigideira em fogo médio por 1 minuto. Reserve. Aqueça o azeite em uma panela. Adicione o peru e a marinada e refogue por 2-3 minutos, até o peru ficar dourado. Junte a pasta, mexa por 2 minutos e adicione o caldo. Leve à fervura e cozinhe por 15 minutos, ou até o peru ficar cozido.

3 Bata o pistache e o iogurte no liquidificador ou em um processador, até ficar homogêneo. Adicione o molho de iogurte à panela, com o espinafre e o coentro, e deixe ferver por mais 5 minutos, ou até o espinafre murchar. Sirva salpicado com folhas de coentro (guarde na geladeira por até 3 dias).

INFORMAÇÕES NUTRICIONAIS POR PORÇÃO
Proteínas 33,2 g **Carboidratos** 14,1 g, dos quais 10,4 g açúcares **Gorduras** 12,4 g, dos quais 4 g saturadas **Quilocalorias** 301

BENEFÍCIOS PARA A SAÚDE
O peru é uma fonte de proteína, necessária para manter a massa muscular e prevenir a caquexia (perda de peso) em pacientes com câncer.

Um prato gratificante
e muito saudável.

Pato grelhado com balsâmico

4 PORÇÕES
PREPARO 15 minutos, mais 30 minutos para marinar
TEMPO DE COZIMENTO 20 minutos

- 4 peitos de pato desossados e sem pele
- 1 colher (sopa), mais 150 ml de vinagre balsâmico
- 2 colheres (chá) de mel
- 2 colheres (sopa) de tamari ou shoyu
- 1 xícara (30 g) de shiitake desidratado
- 1 colher (sopa) de azeite ou óleo de coco
- 2 cebolas picadas
- 2 dentes de alho amassados
- 200 g de cogumelos mistos, incluindo shiitake, fatiados
- 1 xícara (250 ml) de caldo de galinha
- 1 colher (sopa) de amido de milho
- 1 colher (sopa) de geleia de amora ou groselha
- um punhado de salsinha picada
- sal marinho e pimenta-do-reino moída na hora

O shiitake confere sabor intenso ao molho marcante que acompanha o peito de pato. Apetitoso, este prato vai convencê-lo a comer bem, mesmo quando você estiver sem vontade de preparar uma refeição. Sirva com batata-doce e salada.

1 Disponha o peito de pato em um prato raso. Misture 1 colher (sopa) de vinagre balsâmico, o mel e o tamari ou shoyu, e regue o pato. Deixe marinar por 30 minutos. Mergulhe o shiitake em água fervente até cobri-lo durante 15 minutos, depois escorra e reserve o líquido. Pique o cogumelo. Preaqueça o forno a 190°C.

2 Aqueça uma frigideira refratária em fogo médio e doure o pato dos dois lados. Leve ao forno por 12-15 minutos, até ficar ao ponto. Deixe descansar e corte em fatias finas.

3 Aqueça o azeite na frigideira e frite levemente a cebola e o alho por 2-3 minutos, até ficarem macios. Adicione todos os cogumelos e mexa por 1 minuto. Despeje o vinagre restante, o caldo e o líquido reservado dos cogumelos. Leve à fervura e deixe cozinhar por 5 minutos. Misture o amido de milho com 2 colheres (sopa) de água e junte, mexendo até engrossar. Adicione o pato, a geleia e a salsinha, tempere e sirva (guarde as sobras na geladeira por até 2 dias).

INFORMAÇÕES NUTRICIONAIS POR PORÇÃO
Proteínas 23,3 g **Carboidratos** 14,4 g, dos quais 7,1 g açúcares **Gorduras** 9,8 g, dos quais 4,1 g saturadas **Quilocalorias** 246

BENEFÍCIOS PARA A SAÚDE
O shiitake tem a propriedade de aumentar a imunidade e proteger contra o câncer, principalmente devido à presença de polissacarídeos e glucanas, que estimulam a resposta imunológica e ajudam os macrófagos a remover células potencialmente cancerígenas. Ele também é fonte de vitamina D2, vitaminas do complexo B e de manganês, fósforo, potássio, selênio, cobre e zinco.

Cabrito com gremolata

A carne de cabrito, suculenta e saborosa, é uma boa fonte de proteína e tem pouca gordura saturada – e fica ainda melhor com um cozimento lento e prolongado. Aqui ela é assada com legumes e azeitonas, para um sabor mais intenso. A laranja contrasta com a complexidade da carne. Sirva com brócolis no vapor.

4 PORÇÕES
PREPARO 15 minutos
TEMPO DE COZIMENTO 1h45

1-2 colheres (sopa) de azeite ou óleo de coco
1 cebola bem picada
2 talos de aipo picados
1 cenoura cortada em cubos
2 dentes de alho picados
600 g de paleta ou pernil de cabrito desossado, cortado em pedaços grandes
3 colheres (sopa) de farinha de trigo integral ou farinha de arroz
1 xícara (250 ml) de vinho tinto ou caldo de carne
400 g de tomate pelado picado
2 xícaras (500 ml) de caldo de carne
200 g de azeitona verde sem caroço
2 laranjas cortadas em gomos ou em fatias finas
raspas da casca de 2 laranjas
raspas de 1 limão-siciliano
2 colheres (sopa) de salsinha picada
sal marinho e pimenta-do-reino moída na hora

1 Preaqueça o forno a 180°C. Aqueça 1 colher (sopa) de azeite em uma panela de fundo grosso em fogo médio e doure levemente a cebola, o aipo, a cenoura e o alho por 4-5 minutos. Retire da panela e reserve.

2 Coloque a carne de cabrito em um saco plástico com a farinha e um pouco de sal e pimenta, e agite para revesti-la. Adicione mais azeite à panela, se necessário, e frite a carne em pequenas quantidades, mexendo sempre, até dourar.

3 Volte a mistura de cebola à panela, adicione o vinho, o tomate, o caldo e a azeitona. Deixe ferver, tampe e cozinhe no forno por 1h30 ou até ficar macio.

4 Retire do forno e verifique o tempero. Junte os pedaços de laranja. Misture as raspas com a salsinha, espalhe sobre a panela e sirva (guarde as sobras na geladeira por até 2 dias).

INFORMAÇÕES NUTRICIONAIS POR PORÇÃO

Proteínas 36,9 g **Carboidratos** 18,5 g, dos quais 9,7 g açúcares **Gorduras** 10,7 g, dos quais 4,1 g saturadas **Quilocalorias** 361

BENEFÍCIOS PARA A SAÚDE

A carne de cabrito contém ferro e vitaminas do complexo B que conferem energia, bem como zinco e selênio, antioxidantes que dão apoio imunológico.

Os alimentos típicos do Mediterrâneo são ricos em sabor e em propriedades curativas.

Robalo ao forno com tomate e azeitona

O robalo assado sobre uma camada de legumes mediterrâneos fica suculento e saboroso. Esta receita é simples e rápida de preparar, e é rica em antioxidantes e ingredientes com ação anti-inflamatória. Sirva com uma salada, com couve ou espinafre cozido.

4 PORÇÕES
PREPARO 15 minutos
TEMPO DE COZIMENTO 30 minutos

½ colher (chá) de semente de coentro
1 colher (sopa) de azeite ou óleo de coco
1 cebola roxa picada
2 dentes de alho amassados
folhas de 3 ramos de tomilho, mais alguns raminhos inteiros frescos
1 xícara (115 g) de azeitona preta sem caroço picada
60 g de tomate seco em conserva de azeite, escorrido e picado
16 tomates-cereja
1 robalo ou truta grande, sem cabeça, limpo (sem escamas, nem vísceras)
raspas de 1 limão-siciliano
azeite, para finalizar
sal marinho e pimenta-do-reino moída na hora

1 Preaqueça o forno a 190°C. Torre as sementes de coentro em uma frigideira em fogo médio por 1 minuto, depois esmague-as com um pilão. Aqueça o azeite na frigideira em fogo médio. Adicione a cebola, o coentro e o alho e frite levemente por 2-3 minutos até a cebola começar a amolecer. Misture as folhas de tomilho, a azeitona, o tomate seco e o tomate-cereja.
2 Tempere com sal e pimenta e transfira para um refratário grande e raso. Com uma faca afiada, faça talhos diagonais na pele do peixe dos dois lados. Coloque raminhos de tomilho nos cortes. Espalhe as raspas de limão por cima e disponha o peixe sobre a mistura de tomate.
3 Regue com um pouco de azeite, asse por 20-25 minutos ou até que o peixe fique ao ponto e sirva (guarde as sobras na geladeira por até 1 dia).

INFORMAÇÕES NUTRICIONAIS POR PORÇÃO

Proteínas 30,5 g **Carboidratos** 3,4 g, dos quais 2,7 g açúcares **Gorduras** 21,1 g, dos quais 4,6 g saturadas **Quilocalorias** 323

BENEFÍCIOS PARA A SAÚDE

O robalo é rico em gorduras ômega 3 e também fornece vitaminas do complexo B, magnésio e selênio, que é antioxidante.

Salmão com molho vierge

Um prato deliciosamente saudável e saboroso. O molho leve de ervas dá uma dimensão nova e surpreendente ao salmão. Este prato é simples de preparar e pode ser feito com antecedência e resfriado até a hora da refeição. Prefira salmão orgânico. Sirva com salada de folhas mistas.

4 PORÇÕES
PREPARO 10 minutos
TEMPO DE COZIMENTO 10 minutos, mais 10 minutos de infusão

½ xícara (125 ml), mais 1 colher (sopa) de azeite
raspas e suco de 1 limão-siciliano
2 tomates sem sementes e finamente picados
1 cebola bem picada
2 dentes de alho amassados
3 colheres (sopa) de estragão picado
2 colheres (sopa) de endro picado
2 colheres (sopa) de salsinha picada
2 colheres (sopa) de cerefólio picado
4 filés de salmão (cerca de 600 g) com pele
sal marinho e pimenta-do-reino moída na hora

1 Despeje os 125 ml ou ½ xícara de azeite em uma panela pequena. Junte as raspas e o suco de limão, o tomate, a cebola e o alho. Aqueça o molho em fogo bem baixo até ficar quente. Desligue o fogo e adicione as ervas. Tempere com sal e pimenta, tampe e deixe em infusão por 10 minutos.

2 Tempere o salmão com pimenta-do-reino a gosto. Aqueça 1 colher (sopa) de azeite em uma frigideira em fogo médio. Adicione o salmão, com a pele para baixo, e frite por 2-3 minutos, até a pele ficar dourada.

3 Vire os filés do outro lado e frite por mais 2-3 minutos até que o peixe esteja cozido. Despeje o molho de ervas na frigideira e aqueça. Sirva o salmão com colheradas do molho por cima.

INFORMAÇÕES NUTRICIONAIS POR PORÇÃO
Proteínas 23,3 g **Carboidratos** 1,3 g, dos quais 0,9 g açúcares **Gorduras** 46 g, dos quais 8,6 g saturadas **Quilocalorias** 512

BENEFÍCIOS PARA A SAÚDE
O salmão é rico em proteínas e em ácidos graxos essenciais ômega 3. As ervas frescas contêm antioxidantes e óleos voláteis com propriedades anticancerígenas.

Temperos asiáticos agregam propriedades curativas e dão uma cara nova a ingredientes do dia a dia.

Cavalinha ao tamarindo

A textura untuosa da cavalinha contrasta com o sabor marcante do tamarindo. Este prato, de inspiração asiática, é perfumado com capim-limão, gengibre e hortelã. Peixes gordurosos saciam o apetite e são ricos em gorduras essenciais ômega 3. Sirva com arroz integral, favas e acelga no vapor.

4 PORÇÕES
PREPARO 10 minutos
TEMPO DE COZIMENTO 10 minutos

¼ de xícara (60 g) de pasta de tamarindo
1 talo de capim-limão sem partes muito duras, finamente picado
1 colher (chá) de pimenta-malagueta em pó (opcional)
1 cm de gengibre fresco ralado
2 colheres (sopa) de mel
1 maço pequeno de hortelã picada
4 cavalinhas limpas e sem cabeça
um punhado pequeno de folhas de coentro
2 cebolinhas finamente fatiadas

1 Em uma tigela pequena misture a pasta de tamarindo, o capim-limão, a pimenta em pó (se for usar), o gengibre, o mel e a hortelã.
2 Preaqueça o forno, de preferência com grill. Com uma faca afiada, faça cortes diagonais na pele da cavalinha, dos dois lados. Coloque o peixe em um refratário raso e regue com o molho de tamarindo. Unte bem dos dois lados.
3 Leve o peixe ao forno, sob o grill, e asse por 10 minutos ou até ficar ao ponto. Sirva salpicado com coentro e cebolinha (as sobras podem ser armazenadas na geladeira por até 1 dia).

INFORMAÇÕES NUTRICIONAIS POR PORÇÃO

Proteínas 38 g **Carboidratos** 13,1 g, dos quais 4,9 g açúcares **Gorduras** 32,4 g, dos quais 6,6 g saturadas **Quilocalorias** 490

BENEFÍCIOS PARA A SAÚDE

O tamarindo é rico em fibras solúveis, importantes para a saúde do intestino e para estabilizar os níveis de açúcar no sangue. Ele também contém antioxidantes e fitoquímicos, inclusive o limoneno, conhecido por suas propriedades anticancerígenas.

Salmão com missô

4 PORÇÕES

PREPARO 10 minutos, mais 1 noite para marinar

TEMPO DE COZIMENTO 25 minutos

600 g de filé de salmão com pele (ou 4 filés com cerca de 150 g cada um)
4 colheres (sopa) de vinho de arroz chinês
2 colheres (sopa) de mirin ou 1 colher (sopa) de vinho de arroz
4 colheres (sopa) de missô branco
1 colher (sopa) de tamari ou shoyu
1 colher (sopa) de xilitol ou uma pitada de estévia (opcional)
um punhado de coentro picado
1-2 colheres (sopa) de suco de limão-siciliano

O missô, adocicado e marcante, é um ingrediente nutritivo que combina perfeitamente com o salmão, rico em ômega 3. Deixe o peixe marinar durante a noite: fica muito mais saboroso, suculento e macio. Prefira o salmão orgânico, se possível, porque ele tem uma proporção maior de gorduras ômega 3. Sirva acompanhado de legumes refogados.

1 Coloque o salmão em um refratário raso. Misture os ingredientes restantes, exceto o coentro e o suco de limão, e despeje sobre o peixe para cobri-lo completamente. Tampe com filme de PVC e deixe marinar na geladeira durante a noite.

2 Preaqueça o forno a 200°C. Retire o filme, cubra o refratário com papel-alumínio e leve ao forno. Asse por 15 minutos. Retire o papel-alumínio e cozinhe por mais 5-10 minutos, até que o peixe fique ao ponto. Salpique com as folhas de coentro e regue com suco de limão a gosto antes de servir (guarde na geladeira por até 2 dias).

INFORMAÇÕES NUTRICIONAIS POR PORÇÃO

Proteínas 32,5 g **Carboidratos** 7,1 g, dos quais 3,6 g açúcares **Gorduras** 17,4 g, dos quais 2,9 g saturadas **Quilocalorias** 324

BENEFÍCIOS PARA A SAÚDE

O missô é uma boa fonte de fitonutrientes e antioxidantes protetores, inclusive zinco e manganês.

Gratinado de peixe e camarão

Este prato é um clássico da culinária inglesa, mas com um diferencial saudável: a mistura de frutos do mar é coberta com um purê de batata-doce com tahine, rico em antioxidantes. Para um gratinado sem leite e derivados, use leite e creme de leite de soja, de coco ou de aveia. Sirva com uma salada de verduras crocantes, ou com brócolis e cenoura cozidos levemente no vapor.

4 PORÇÕES
PREPARO 15 minutos
TEMPO DE COZIMENTO 45 minutos

2 colheres (sopa) de azeite ou óleo de coco
1 cebola bem picada
1 alho-poró cortado em fatias finas
200 g de filé de salmão sem pele cortado em cubos
200 g de peixe de carne branca sem pele cortado em cubos
¼ de xícara (30 g) de farinha de trigo
1½ xícara (400 ml) de leite semidesnatado ou leite de soja, coco ou aveia
2 colheres (sopa) de creme de leite, ou de aveia, ou de soja
4 colheres (chá) de mostarda extraforte
um punhado de endro picado
uma pitada de noz-moscada ralada na hora
150 g de camarão cozido e descascado
sal marinho e pimenta-do-reino moída na hora

Purê de batata-doce
600 g de batata-doce cortada em pedaços
2 colheres (sopa) de creme de leite, ou de soja, ou de aveia
1 colher (sopa) de tahine

1 Preaqueça o forno a 180°C. Para o purê, ferva a batata-doce por 10-15 minutos, até ficar macia. Escorra e reserve. Aqueça 1 colher (sopa) de azeite em uma frigideira grande em fogo médio. Junte a cebola e o alho-poró e frite por 5 minutos. Adicione o peixe à frigideira e frite delicadamente por 1-2 minutos, só para selar.

2 Aqueça o azeite restante em uma panela em fogo médio. Doure a farinha por 1 minuto. Retire do fogo e junte aos poucos o leite e o creme de leite. Volte ao fogo e deixe ferver, mexendo constantemente. Adicione a mostarda, o endro e a noz-moscada e tempere com sal e pimenta.

3 Junte os peixes, a cebola, o alho-poró e o camarão ao molho e depois coloque tudo em uma assadeira ou refratário. Amasse a batata-doce cozida e bata com o creme de leite e o tahine. Tempere e arrume a mistura sobre o peixe. Asse por 20-30 minutos até dourar e sirva (guarde na geladeira por até 2 dias ou congele, sem cozinhar, por 1 mês).

INFORMAÇÕES NUTRICIONAIS POR PORÇÃO
Proteínas 34,6 g **Carboidratos** 37,3 g, dos quais 10,5 g açúcares **Gorduras** 18,3 g, dos quais 7,6 g saturadas **Quilocalorias** 454

BENEFÍCIOS PARA A SAÚDE
A batata-doce é rica em antioxidantes, especialmente carotenoides e vitaminas A e C.

Tempeh assado com piperade

Pimentão, alho, tomate e cebola são a base da piperade. Se conseguir encontrar vinagre de xerez, o seu sabor e suas qualidades poderosas, antioxidantes e anti-inflamatórias, vão dar um toque especial ao prato. O tempeh absorve toda a complexidade de sabores do molho durante o cozimento. Sirva com salada.

4 PORÇÕES
PREPARO 15 minutos
TEMPO DE COZIMENTO 30 minutos

2 colheres (sopa) de azeite ou óleo de coco
2 cebolas roxas fatiadas
6 dentes de alho picados
300 g de pimentão vermelho assado
4 tomates holandeses picados
1 colher (sopa) de pasta de tomate seco
uma pitada de páprica defumada ou normal
3 colheres (sopa) de vinagre de maçã ou vinagre de xerez
450 g de tempeh cortado em cubos de 2 cm
azeite, para finalizar
3 colheres (sopa) de salsinha picada grosseiramente (opcional)
sal marinho e pimenta-do-reino moída na hora

1 Preaqueça o forno a 190°C. Leve uma frigideira ao fogo médio e aqueça 1 colher (sopa) de azeite. Frite a cebola por 2 minutos ou até amolecer. Adicione o alho, o pimentão, o tomate, a pasta de tomate seco e a páprica, e deixe em fogo brando por 5 minutos, ou até ficar macio.

2 Coloque a mistura em um processador e pulse para picar grosseiramente – devem restar alguns pedaços maiores. Junte o vinagre.

3 Aqueça o azeite restante em uma frigideira e acrescente o tempeh. Frite por 10-12 minutos, virando de vez em quando, até dourar. Transfira o tempeh para uma assadeira e adicione o molho. Regue com um pouco de azeite e asse por 15 minutos, ou até o molho ficar espesso e borbulhante. Salpique com a salsinha (se for usar), tempere com sal e pimenta-do-reino e sirva (guarde na geladeira por até 2 dias).

INFORMAÇÕES NUTRICIONAIS POR PORÇÃO
Proteínas 25,4 g **Carboidratos** 16,7 g, dos quais 9,9 g açúcares **Gorduras** 13,1 g, dos quais 4,2 g saturadas **Quilocalorias** 291

BENEFÍCIOS PARA A SAÚDE
O tempeh é um alimento fermentado de alto teor nutritivo feito com grãos de soja, ricos em proteínas. Ele é uma das bases alimentares da Indonésia há mais de 2 mil anos. É rico em ácidos graxos essenciais, vitaminas, minerais e isoflavonas, que promovem uma boa saúde.

Ingredientes simples de sabor marcante aquecem, animam e nutrem o corpo.

Salada morna de berinjela, raízes e grão-de-bico

O cominho e a páprica entram no molho saboroso e picante desta substanciosa salada de legumes assados com grão-de-bico. Se quiser um pouco mais de proteína, sirva com um ovo cozido, um pouco de tofu ou de queijo branco – ou então, para os não vegetarianos, com pedaços de frango.

4 PORÇÕES
PREPARO 10 minutos
TEMPO DE COZIMENTO 30 minutos

1 cebola roxa fatiada
1 batata-doce cortada em pedaços
2 cenouras cortadas em pedaços grandes
2 beterrabas pequenas fatiadas
2 colheres (sopa) de azeite ou óleo de coco derretido
1 colher (chá) de páprica em pó
1 colher (chá) de cominho em pó
1 dente de alho picado
raspas e suco de ½ limão-siciliano
2 berinjelas cortadas em pedaços
250 g de grão-de-bico cozido e escorrido
3 colheres (sopa) de coentro picado

Molho picante
½ colher (chá) de cominho em pó
uma pitada de páprica
2 colheres (chá) de mel
suco de 1 limão-siciliano
4 colheres (sopa) de azeite ou óleo de linhaça

1 Preaqueça o forno a 200°C. Coloque a cebola, a batata--doce, a cenoura e a beterraba em uma assadeira. Misture o azeite, os temperos, o alho, o suco e as raspas de limão. Regue os legumes e misture bem.
2 Asse por 15 minutos. Acrescente a berinjela à assadeira e misture para cobrir com o azeite. Asse por mais 15 minutos ou até os legumes ficarem macios e levemente dourados. Retire do forno. Junte o grão-de-bico e o coentro.
3 Misture os ingredientes do molho. Regue os legumes e sirva (guarde na geladeira por até 2 dias).

INFORMAÇÕES NUTRICIONAIS POR PORÇÃO
Proteínas 7,2 g **Carboidratos** 31,7 g, dos quais 15,2 g açúcares **Gorduras** 16,1 g, dos quais 5,5 g saturadas **Quilocalorias** 298

BENEFÍCIOS PARA A SAÚDE
A berinjela, a beterraba e outras frutas e legumes de cor roxa contêm antocianinas, que atacam as células cancerosas. O grão-de-bico, como outros feijões e leguminosas, é uma boa fonte de fitoestrógenos (estrógenos vegetais), que protegem contra a propagação de cânceres ligados aos hormônios.

Espaguete com brócolis e limão-siciliano

4 PORÇÕES
PREPARO 10 minutos
TEMPO DE COZIMENTO 10 minutos

300 g de espaguete integral
1 kg de brócolis cortado em buquês pequenos
1 colher (sopa) de azeite ou óleo de coco
2 dentes de alho amassados
2 pimentas vermelhas sem sementes e picadas (opcional)
4 cebolinhas cortadas em fatias finas
raspas de 1 limão-siciliano
200 g de queijo feta amassado
suco de ½ limão-siciliano
pimenta-do-reino moída na hora

Um prato simples e rápido com brócolis, alho, pimenta e cebola – todos benéficos na recuperação de um câncer. O queijo branco fornece proteína, mas se você preferir uma versão sem leite e derivados, opte por um peito de frango cozido ou uma salada de feijão.

1 Cozinhe o macarrão em água fervente por 7-8 minutos até ficar *al dente*, ou siga as instruções da embalagem. Escorra e reserve.
2 Cozinhe o brócolis em uma panela de cozimento a vapor em fogo alto, por 3 minutos ou até ficar macio. Reserve.
3 Aqueça o azeite em uma frigideira em fogo médio. Frite o alho, a pimenta (se for usar), a cebolinha e as raspas de limão por 2-3 minutos, até amolecerem um pouco. Junte o brócolis e aqueça. Despeje o molho de brócolis sobre o macarrão, com o queijo feta e o suco de limão, e misture bem. Tempere com pimenta-do-reino e sirva (guarde na geladeira por até 1 dia).

INFORMAÇÕES NUTRICIONAIS POR PORÇÃO
Proteínas 29,1 g **Carboidratos** 51,6 g, dos quais 7,3 g açúcares **Gorduras** 16,5 g, dos quais 9,6 g saturadas **Quilocalorias** 474

BENEFÍCIOS PARA A SAÚDE
O macarrão integral tem um índice glicêmico menor do que o do macarrão normal, portanto, causa menos impacto nos níveis de açúcar do sangue. Além disso, é uma boa fonte de fibras.

Os vegetais crucíferos protegem contra o câncer e deixam esta massa com queijo feta mais crocante.

Hambúrguer de linhaça e castanha

4 PORÇÕES
PREPARO 10 minutos, mais 30 minutos para resfriar
TEMPO DE COZIMENTO 40 minutos

1 colher (sopa) de azeite ou óleo de coco
1 cebola roxa finamente picada
1 cenoura ralada
90 g de cogumelo picado
1 dente de alho amassado
115 g de feijão-branco cozido e escorrido
50 g de nozes
50 g de castanha-de-caju
2 colheres (sopa) de semente de linhaça
¾ de xícara (60 g) de farinha de rosca integral ou farinha de rosca sem glúten, ou aveia em flocos
1 colher (sopa) de tamari ou shoyu
2 colheres (chá) de mel
1 gema de ovo
sal marinho e pimenta-do-reino moída na hora

Gostosos, saudáveis, substanciosos e ricos em fibras, proteínas e gordura saudável, estes hambúrgueres fazem sucesso em uma refeição familiar. Como podem ser congelados, são práticos para aqueles dias em que uma comida rápida é tudo que se quer. Sirva com salada e vinagrete ou com a Remoulade de aipo, maçã e erva--doce (p. 88).

1 Aqueça o azeite em uma frigideira grande em fogo médio e adicione a cebola, a cenoura, o cogumelo e o alho. Frite ligeiramente por 10 minutos, ou até os legumes ficarem macios e o líquido evaporar. Adicione o feijão e refogue por mais 1 minuto. Deixe a mistura esfriar um pouco.

2 Coloque as nozes e a castanha em um processador e pulse para picar grosseiramente. Junte a mistura de feijão e os ingredientes restantes, e bata até homogeneizar. Leve à geladeira por 30 minutos. Preaqueça o forno a 190°C e forre uma assadeira com papel-manteiga.

3 Modele oito hambúrgueres e disponha-os na assadeira forrada. Leve ao forno por 20-30 minutos até ficarem crocantes e dourados, e sirva com pão ou salada (guarde na geladeira por até 3 dias ou congele, sem assar, por até 3 meses).

INFORMAÇÕES NUTRICIONAIS POR PORÇÃO

Proteínas 5,9 g **Carboidratos** 11,4 g, dos quais 3,3 g açúcares **Gorduras** 11,1 g, dos quais 1,6 g saturadas **Quilocalorias** 169

BENEFÍCIOS PARA A SAÚDE

As sementes de linhaça e as castanhas aumentam o teor de proteína destes hambúrgueres vegetarianos e fornecem gorduras essenciais ômega 3 e 6. As nozes também são ricas em fenóis e em vitamina E, com ação antioxidante. Elas são um alimento anticâncer precioso e seu consumo tem sido associado a uma redução do risco de certos tipos de câncer, incluindo o de próstata e o de mama.

Bowl das mil e uma noites

Esta salada versátil de inspiração médio-oriental é um tesouro de vegetais coloridos, cereais, leguminosas e frutas secas, além de sementes e óleos ricos em ácidos graxos essenciais. Adicione um ovo poché ou um pouco de queijo feta, se quiser mais proteína. As sobras rendem um bom lanche.

6 PORÇÕES
PREPARO 15 minutos
TEMPO DE COZIMENTO 30 minutos

- 1 berinjela pequena cortada em cubos de 2 cm
- 1 pimentão vermelho sem sementes, cortado em pedaços
- 200 g de abóbora-paulista cortada em cubos
- 3 colheres (sopa) de azeite
- 1 colher (chá) de semente de cominho
- 1 xícara (150 g) de quinoa
- ½ colher (chá) de pistilo de açafrão (opcional)
- 100 g de vagem cortada ao meio
- 250 g de lentilha puy cozida
- 6 colheres (sopa) de sementes variadas (girassol, abóbora e linhaça)
- 3 colheres (sopa) de sementes de romã
- 3 colheres (sopa) de frutas secas sem açúcar
- 8 tomates-cereja cortados ao meio
- 4 colheres (sopa) de azeite ou óleo de linhaça
- raspas e suco de 1 limão-siciliano
- 3 colheres (sopa) de hortelã picada
- sal marinho e pimenta-do-reino moída na hora

1 Preaqueça o forno a 180°C. Espalhe a berinjela, o pimentão e a abóbora em uma assadeira e misture com as 3 colheres (sopa) de azeite e o cominho. Tempere com sal e pimenta-do-reino e asse por 30 minutos ou até tudo ficar macio.

2 Coloque a quinoa em uma panela com 1½ xícara (375 ml) de água e o açafrão (se for usar). Deixe ferver, tampe e reduza o fogo. Cozinhe por 15 minutos, desligue e mantenha tampado por mais 5 minutos.

3 Coloque a vagem em uma panela de cozimento a vapor e leve ao fogo alto por 2 minutos. Escorra e enxágue em água fria. Ponha a quinoa em uma tigela grande e junte os legumes cozidos, a lentilha, as sementes, as frutas secas e o tomate.

4 Misture o azeite restante, o suco e as raspas de limão e a hortelã. Regue a salada e misture bem antes de servir (guarde na geladeira por até 3 dias).

INFORMAÇÕES NUTRICIONAIS POR PORÇÃO

Proteínas 14,6 g **Carboidratos** 33,5 g, dos quais 13 g açúcares **Gorduras** 27,1 g, dos quais 3 g saturadas **Quilocalorias** 442

BENEFÍCIOS PARA A SAÚDE

A quinoa é um cereal bastante nutritivo, sem glúten, rico em proteínas e que contém todos os nove aminoácidos essenciais. Contém magnésio para a produção de energia e é uma fonte de manganês, que ajuda a proteger as células contra danos oxidativos.

Sobremesas, bolos e gostosuras

O tratamento contra o câncer muitas vezes pode aumentar o desejo por algo doce, especialmente em pacientes que sentem um sabor amargo ou metálico na boca. Neste capítulo você vai encontrar uma grande variedade de receitas de sobremesas, bolos e petiscos com baixo teor de açúcar – perfeitos até para uma refeição fora de casa. Nenhuma contém açúcar refinado e todas são cuidadosamente equilibradas para ajudar a estabilizar o açúcar no sangue. Em vez de fornecer calorias vazias, estes pratos são ricos em ingredientes nutritivos e foram pensados como um modo de manter a energia. São várias sobremesas deliciosas, como o Crumble de maçã, nozes e pistache e a Tentação de chocolate e framboesa, e gostosuras salgadas como o Petisco de cebola e couve e o Pão sírio com cominho.

Na página ao lado: Sorbet de frutas vermelhas (p. 126)
Acima: Bolo cítrico de amêndoa (p. 124)

Tentação de chocolate e framboesa

4 PORÇÕES
PREPARO 10 minutos
TEMPO DE COZIMENTO 40 minutos

óleo, para untar
¾ de xícara (125 g) de farinha de trigo integral ou mistura de farinha sem glúten
2 colheres (chá) de fermento em pó
1 colher (sopa) de cacau em pó
1 colher (chá) de extrato de baunilha
½ xícara (125 g) de purê de maçã sem açúcar
½ xícara (125 ml) de leite de soja
1 colher (sopa) de xilitol
150 g de framboesa, mais um pouco para servir (opcional)

Calda de chocolate
2 colheres (sopa) de xilitol
1 colher (sopa) de cacau em pó

Sob uma camada de consistência leve, repleta de framboesas frescas, encontra-se um recheio com sabor intenso de chocolate. Talvez surpreenda o fato de esta sobremesa ser saudável, mas ela é feita com purê de maçã, e para adoçar é usado o xilitol.

1 Preaqueça o forno a 180°C e unte uma assadeira ou refratário de aproximadamente 20 cm de diâmetro. Peneire a farinha, o fermento e o cacau em pó em uma tigela e misture o farelo que sobrar na peneira.
2 Junte o extrato de baunilha, o purê de maçã, o leite e o xilitol à mistura de farinha e mexa bem. Adicione as framboesas e transfira tudo para a assadeira.
3 Misture os ingredientes da calda com 1½ xícara (400 ml) de água fervente e despeje delicadamente sobre a massa. Não misture o líquido – ele vai penetrar ao assar.
4 Com cuidado, leve a assadeira ao forno e deixe por 35-40 minutos, até que o doce fique firme na superfície, mas com um recheio cremoso de chocolate por baixo. Sirva com mais framboesas, se quiser (guarde as sobras na geladeira por até 2 dias).

INFORMAÇÕES NUTRICIONAIS POR PORÇÃO
Proteínas 5,4 g **Carboidratos** 38,7 g, dos quais 14,8 g açúcares **Gorduras** 2,2 g, dos quais 0,8 g saturadas **Quilocalorias** 181

BENEFÍCIOS PARA A SAÚDE
Os polifenóis do cacau em pó são conhecidos por suas propriedades antioxidantes.

Framboesas frescas com chocolate: uma delícia altamente nutritiva.

Crumble de maçã, nozes e pistache

8 PORÇÕES
PREPARO 15 minutos
TEMPO DE COZIMENTO 30 minutos

2 colheres (sopa) de azeite ou óleo de coco, mais um pouco para untar
1,3 kg de maçã descascada e cortada em pedaços
1 colher (chá) de canela em pó
3 colheres (sopa) de xilitol
1 colher (sopa) mel

Crumble
75 g de coco ralado sem açúcar
115 g de pistache
115 g de nozes
uma pitada de sal marinho
60 g de aveia em flocos ou trigo-sarraceno em flocos
60 g de tâmara seca sem caroço

Uma versão saudável do crumble clássico, com uma cobertura de castanhas e aveia e adoçado com tâmara. Você não precisa assá-lo – basta polvilhar a mistura de crumble sobre as maçãs cozidas e servir, se preferir. Iogurte natural é um ótimo acompanhamento.

1 Preaqueça o forno a 200°C e unte uma assadeira ou refratário. Leve uma panela ao fogo médio, coloque o azeite, a maçã, a canela, o xilitol e o mel e cozinhe por 5-8 minutos, até as maçãs ficarem macias. Adicione um pouco de água, se necessário, para evitar que elas sequem. Transfira tudo para a assadeira.

2 Para fazer o crumble, bata o coco, o pistache, as nozes e o sal em um processador, até formar um farelo. Junte a aveia e a tâmara e pulse mais um pouco, até formar uma farofa grosseira. Polvilhe a cobertura sobre as maçãs e leve ao forno por 15-20 minutos até dourar e borbulhar. Sirva quente ou morno (as sobras podem ser armazenadas na geladeira por até 2 dias).

INFORMAÇÕES NUTRICIONAIS POR PORÇÃO
Proteínas 6,8 g **Carboidratos** 32,1 g, dos quais 27,3 g açúcares **Gorduras** 24,4 g, dos quais 7,2 g saturadas **Quilocalorias** 368

BENEFÍCIOS PARA A SAÚDE
A maçã é rica em polifenóis – antioxidantes que ajudam a equilibrar os níveis de açúcar no sangue e a reduzir os picos de glicose. Ela também é uma fonte de fibras solúveis, entre elas a pectina, que ajuda a eliminar a gordura e o colesterol ruim do corpo.

Cheesecake de limão

Um cheesecake cremoso e sem leite e derivados, com baixo teor de açúcar e rico em proteínas e isoflavonas. Um pouco de xilitol e algumas tâmaras conferem a doçura, e o cheesecake é servido com uma calda de frutas vermelhas rica em antioxidantes. Além da aparência apetitosa, é uma sobremesa saudável e perfeita para servir aos amigos.

PORÇÕES 8
PREPARO 15 minutos
TEMPO DE COZIMENTO 45 minutos, mais o tempo para resfriar

¼ de xícara (60 g) de manteiga derretida ou óleo de coco derretido, mais um pouco para untar
150 g de biscoito de aveia integral ou sem glúten
1 xícara (90 g) de coco ralado sem açúcar
60 g de tâmara seca sem caroço
raspas e suco de 1 limão-siciliano

Recheio de tofu
500 g de tofu macio ou firme
raspas de 4 limões e suco de 1 limão
60 g de xilitol
3 gemas
30 g de amido de milho

Calda de frutas vermelhas
1 colher (sopa) de amido de milho
250 g de frutas vermelhas variadas, frescas ou congeladas

1 Preaqueça o forno a 180°C e unte uma fôrma de bolo de 20 cm com fundo removível. Pulse o biscoito de aveia e o coco em um processador, até formar um farelo fino. Junte a manteiga, a tâmara, as raspas e o suco de limão. Bata até formar uma massa pegajosa. Com uma colher, coloque a mistura na forma preparada e pressione para formar a base.
2 Bata os ingredientes do recheio no processador, até ficar homogêneo. Despeje sobre a base e leve ao forno por 35-40 minutos, até ficar firme. Desligue o fogo e deixe esfriar dentro do forno por 30 minutos.
3 Para a calda, dissolva o amido de milho em 2 colheres (sopa) de água. Coloque as frutas em uma panela com o amido dissolvido e cozinhe por 1-2 minutos, mexendo sempre, até engrossar. Deixe esfriar. Sirva o cheesecake com a calda (guarde as sobras na geladeira por até 4 dias).

INFORMAÇÕES NUTRICIONAIS POR PORÇÃO
Proteínas 9,4 g **Carboidratos** 33,1 g, dos quais 15,8 g açúcares **Gorduras** 22,1 g, dos quais 14,4 g saturadas **Quilocalorias** 359

BENEFÍCIOS PARA A SAÚDE
O tofu e os ovos são ricos em proteínas e pobres em açúcar. Frutas vermelhas são uma boa fonte de fitonutrientes, além de substâncias que protegem contra o câncer, como o ácido elágico (mais abundante no morango e na framboesa) e as antocianinas (presentes no mirtilo).

Bolo cítrico de amêndoa

A laranja dá um sabor vibrante a este bolo úmido. Ele pode ser servido quente ou frio, acompanhado de iogurte natural e de alguns gomos de laranja. Ao usar o azeite, rico em ômega 9, você inclui na sua dieta mais gorduras saudáveis de ação anti-inflamatória; com amêndoas em vez de farinha, esta sobremesa é livre de glúten e rica em proteínas.

12 PORÇÕES
PREPARO 10 minutos
TEMPO DE COZIMENTO
2h20, mais o tempo para resfriar

- 2 laranjas lavadas
- 3 colheres (sopa) de azeite, mais um pouco para untar
- raspas de 1 limão-siciliano
- 4 ovos
- 60 g de xilitol
- 2½ xícaras (250 g) de farinha de amêndoas
- ½ colher (chá) de sal marinho
- 1 colher (chá) de bicarbonato de sódio
- frutas frescas, para servir (opcional)

1. Ferva as laranjas inteiras durante 1h30, ou até ficarem macias. Preaqueça o forno a 180°C e unte uma fôrma de 23 cm de diâmetro.
2. Coloque as laranjas inteiras no liquidificador ou em um processador e bata até ficar homogêneo. Adicione as raspas de limão, os ovos, o xilitol, o azeite, a farinha de amêndoas, o sal e o bicarbonato de sódio e pulse até misturar bem. Despeje a massa na fôrma de bolo preparada.
3. Leve ao forno por 45-50 minutos, até que um palito inserido no centro da massa saia limpo. Deixe esfriar antes de retirá-lo da fôrma. Sirva com frutas frescas, se quiser (guarde na geladeira embrulhado por até 3 dias ou congele por até 3 meses).

INFORMAÇÕES NUTRICIONAIS POR PORÇÃO
Proteínas 6,7 g **Carboidratos** 7,9 g, dos quais 7,2 g açúcares **Gorduras** 15,8 g, dos quais 1,8 g saturadas **Quilocalorias** 193

BENEFÍCIOS PARA A SAÚDE
Ao utilizar as laranjas inteiras, inclusive a casca, você mantém as flavanonas cítricas, que tendem a se concentrar no miolo e na casca. Esses fitonutrientes têm se mostrado especialmente poderosos contra diversos tipos de câncer.

Sorbet de banana e chá-verde

6 PORÇÕES
PREPARO 10 minutos, mais 2 horas para congelar

- 115 g de castanha-de-caju
- 30 g de proteína em pó simples ou sabor baunilha (de soro de leite ou arroz) (opcional)
- 1 xícara (200 ml) de água de coco ou água
- 1 colher (sopa) de mel (opcional)
- 3 folhas de hortelã
- 1 colher (chá) de matchá
- 4 bananas cortadas e congeladas

1 Bata todos os ingredientes, exceto as bananas, em um liquidificador ou processador, até ficar homogêneo. Adicione as bananas e bata mais. Sirva imediatamente ou congele (guarde no freezer por até 3 meses; deixe amolecer um pouco antes de servir).

INFORMAÇÕES NUTRICIONAIS POR PORÇÃO
Proteínas 6,8 g **Carboidratos** 23,7 g, dos quais 17,9 g açúcares
Gorduras 10,1 g, dos quais 2 g saturadas **Quilocalorias** 214

BENEFÍCIOS PARA A SAÚDE
O matchá é excepcionalmente rico em substâncias antioxidantes, incluindo um tipo poderoso conhecido como catequina. O chá-verde também é rico em L-teanina, um aminoácido que favorece o relaxamento e o bem-estar, criando ondas alfa no cérebro.

Sorbet de frutas vermelhas ▸

4 PORÇÕES
PREPARO 5 minutos, mais 3 horas para congelar

- 200 g de iogurte natural, iogurte de soja ou iogurte de coco
- 2 colheres (chá) de açaí em pó (opcional)
- ¾ de xícara (125 g) de morango
- 1 xícara (125 g) de framboesa
- 1 xícara (225 g) de cereja fresca ou congelada sem caroço

1 Bata todos os ingredientes em um liquidificador ou processador, até ficar homogêneo. Despeje em um recipiente raso e congele por 2-3 horas até firmar. Retire do congelador 30 minutos antes de servir para que o sorvete fique macio (guarde no freezer por até 3 meses).

INFORMAÇÕES NUTRICIONAIS POR PORÇÃO
Proteínas 4 g **Carboidratos** 12,2 g, dos quais 11,5 g açúcares
Gorduras 5,3 g, dos quais 3,4 g saturadas **Quilocalorias** 110

BENEFÍCIOS PARA A SAÚDE
O iogurte natural probiótico ajuda o sistema imunológico e promove a saúde digestiva. O açaí em pó, opcional, fornece ainda mais antioxidantes.

Uma maneira gostosa e refrescante de incluir antioxidantes na sua dieta.

Mousse de abacate com limão

Saborosa, cítrica e refrescante, esta sobremesa simples combina o suco do limão com o creme de abacate e algumas tâmaras doces para criar uma mousse sensacional e saudável. Suas qualidades vão de gorduras boas, vitaminas E e C e betacaroteno a fitonutrientes. Ela pode ser preparada com antecedência e refrigerada até o momento do consumo.

4 PORÇÕES

PREPARO 5 minutos, mais 1h-2h para resfriar

- 2 limões inteiros
- suco de 2 limões
- 2 abacates maduros
- 125 g de tâmara seca sem caroço
- 1 colher (sopa) de mel ou mel de manuka (opcional)
- 2 colheres (sopa) de coco em lascas sem açúcar, para servir

1 Com uma faca afiada, corte a casca de todo o limão em tiras; retire as sementes. Reserve a casca. Bata o limão e os demais ingredientes em um liquidificador ou processador, até ficar homogêneo e cremoso.

2 Distribua o creme entre quatro taças individuais e leve à geladeira por 1-2 horas antes de servir. Corte a casca do limão em tiras finas e use para decorar a mousse, depois finalize com as lascas de coco (guarde na geladeira por até 1 dia).

INFORMAÇÕES NUTRICIONAIS POR PORÇÃO

Proteínas 2,5 g **Carboidratos** 21,4 g, dos quais 21,2 g açúcares **Gorduras** 13 g, dos quais 4,8 g saturadas **Quilocalorias** 213

BENEFÍCIOS PARA A SAÚDE

O abacate contém vitaminas do complexo B, entre elas ácido fólico e B6. O mel de manuka, opcional, é bem conhecido por suas propriedades antibacterianas e antifúngicas, ajuda a aliviar dores de garganta, úlceras e feridas e mantém os níveis de energia, auxiliando na digestão. O ingrediente ativo encontrado na flor chamada manuka e que não está presente em outro tipo de mel é conhecido como UMF (Fator Único da Manuka).

Bolo de banana com matchá

1 UNIDADE (10 fatias)
PREPARO 15 minutos
TEMPO DE COZIMENTO 45 minutos, mais o tempo para resfriar

½ xícara (125 g) de manteiga sem sal derretida ou óleo de coco derretido, mais um pouco para untar
1 xícara (150 g) de farinha integral com fermento, ou mistura de farinha sem glúten com ½ colher (chá) de goma xantana
2 colheres (chá) de matchá ou 1 colher (sopa) de folhas de chá-verde moídas
2 colheres (chá) de fermento em pó
1 colher (chá) de canela em pó
3 colheres (sopa) de semente de linhaça moída
4 colheres (sopa) de coco ralado sem açúcar
½ xícara (90 g) de damasco seco picado
3 bananas amassadas
2 ovos
50 g de xilitol

Uma versão do bolo clássico de banana repleta de antioxidantes do matchá, o chá-verde em pó. Esta receita, que usa frutas frescas e secas para adoçar, tem muito menos açúcar do que os bolos tradicionais.

1 Preaqueça o forno a 180°C e unte e forre uma fôrma de bolo inglês com papel-manteiga. Peneire a farinha, o matchá, o fermento e a canela em uma tigela e junte o farelo que sobrar na peneira. Adicione a linhaça, 2 colheres (sopa) de coco ralado e o damasco.

2 Despeje a manteiga derretida em um liquidificador ou processador, adicione as bananas, os ovos e o xilitol e bata até ficar homogêneo. Junte à mistura de farinha e mexa bem. Despeje a massa na fôrma e polvilhe o coco restante por cima.

3 Leve ao forno por 40-45 minutos, até ficar firme e dourado – ou quando um palito inserido no meio da massa sair limpo. Se o topo começar a dourar demais, cubra com papel-alumínio. Deixe esfriar na fôrma por 10 minutos, depois vire-a sobre uma grade e deixe esfriar antes de servir (guarde na geladeira embrulhado por até 3 dias ou congele por 1 mês).

INFORMAÇÕES NUTRICIONAIS POR FATIA

Proteínas 5,8 g **Carboidratos** 24,2 g, dos quais 13,9 g açúcares **Gorduras** 15,1 g, dos quais 8,4 g saturadas **Quilocalorias** 247

BENEFÍCIOS PARA A SAÚDE

Ao consumir o matchá – feito com a folha inteira do chá-verde – você aproveita sua abundância de antioxidantes. Com a farinha integral e a semente de linhaça moída, adiciona nutrientes, entre eles lignanas, gorduras ômega 3 e fibras solúveis. As vitaminas do complexo B, o selênio e o magnésio dão energia.

Versão úmida e saudável do bolo favorito para a hora do chá.

Uma opção nutritiva para quando você se sentir cansado e quiser comer algo doce.

Brownie de chocolate e beterraba

10 UNIDADES
PREPARO 10 minutos
TEMPO DE COZIMENTO
30 minutos, mais o tempo para resfriar

- 250 g de chocolate amargo sem leite
- 3 colheres (sopa) de xilitol
- ¼ de xícara (60 g) de manteiga ou óleo de coco, mais um pouco para untar
- 4 ovos
- 1 beterraba grande cozida (cerca de 150 g) e picada
- 1 xícara (100 g) de amêndoa moída
- uma pitada de sal marinho
- ½ colher (chá) de canela em pó
- ½ colher (chá) de bicarbonato de sódio
- ½ xícara (60 g) de nozes picadas
- ⅓ de xícara (30 g) de amêndoa em lâminas

Parecido com um brownie tradicional, porém muito mais saudável e perfeito para repor as energias. A beterraba misturada com o chocolate rende uma massa lisa e úmida, e as castanhas conferem mais sabor e textura.

1 Preaqueça o forno a 180°C, unte uma assadeira rasa de aproximadamente 20 cm × 30 cm e forre-a com papel-manteiga. Coloque o chocolate, o xilitol e a manteiga em uma panela e aqueça ligeiramente para derreter o chocolate. Reserve. Bata os ovos e a beterraba no liquidificador ou processador, até ficar homogêneo.

2 Despeje a amêndoa moída em uma tigela grande. Adicione a mistura de chocolate derretido, a mistura de beterraba e os ingredientes restantes, exceto a amêndoa em lâminas. Misture bem.

3 Despeje a massa na assadeira e espalhe a amêndoa em lâminas por cima. Asse por 20-25 minutos, até ficar firme e as amêndoas dourarem. Deixe esfriar na fôrma sobre uma grade, depois corte em quadrados para servir (guarde em um recipiente hermético na geladeira por até 4 dias ou congele por 1 mês).

INFORMAÇÕES NUTRICIONAIS POR PORÇÃO

Proteínas 7,7 g **Carboidratos** 21,1 g, dos quais 20,6 g açúcares **Gorduras** 26,6 g, dos quais 11 g saturadas **Quilocalorias** 349

BENEFÍCIOS PARA A SAÚDE

As amêndoas e as nozes aumentam o teor de proteína, o que ajuda a equilibrar o açúcar no sangue. Elas também fornecem gorduras saudáveis, vitaminas e minerais, entre eles manganês, vitamina E, cálcio e magnésio. As beterrabas são ricas em nutrientes que protegem contra o câncer, inclusive antioxidantes como as betalaínas, que diminuem o crescimento das células tumorais.

Petisco de cebola e couve

8 PORÇÕES
PREPARO 10 minutos
TEMPO DE COZIMENTO
20 minutos, mais o tempo para resfriar

óleo, para untar
200 g de couve sem os talos, cortada em pedaços grandes
60 g de castanha-de-caju
2 colheres (sopa) de levedura em flocos ou 1 colher (chá) de alho em pó
1 cebola pequena picada
½ colher (chá) de cúrcuma
2 colheres (sopa) de vinagre de maçã
1 colher (chá) de sal marinho

Estes salgadinhos crocantes e saudáveis de couve têm sabor de queijo, mas são, na verdade, livres de lactose – o gosto vem da levedura em flocos. A cúrcuma dá uma cor dourada à mistura e fornece a curcumina, que protege contra o câncer.

1 Preaqueça o forno a 180°C e unte duas assadeiras. Coloque a couve em uma tigela grande. Bata o resto dos ingredientes em um liquidificador ou processador até criar um molho espesso. Você talvez precise adicionar 1-2 colheres (sopa) de água para diluir a mistura.

2 Despeje o molho sobre a couve e use as mãos para espalhá-lo nas folhas, de modo que elas fiquem completamente revestidas. Espalhe as folhas de couve nas assadeiras espaçadas entre si.

3 Leve ao forno por 15-20 minutos, virando duas vezes para garantir que elas fiquem crocantes. Retire do forno e deixe esfriar antes de servir (guarde em recipiente hermético por até 3 dias).

INFORMAÇÕES NUTRICIONAIS POR PORÇÃO

Proteínas 3,6 g **Carboidratos** 3,1 g, dos quais 1,1 g açúcares **Gorduras** 4,2 g, dos quais 0,8 g saturadas **Quilocalorias** 64

BENEFÍCIOS PARA A SAÚDE

A levedura em flocos é uma boa fonte de vitaminas do complexo B. A couve contém nutrientes que protegem contra o câncer, em especial os glucosinolatos, que são convertidos em isotiocianatos no corpo e protegem contra o câncer de bexiga, mama, cólon, ovário e próstata. A couve também contém flavonoides, entre eles o kaempferol e a quercetina, que possuem importante ação antioxidante e anti-inflamatória, o que ajuda a reduzir inflamações e a diminuir o estresse oxidativo.

Pão sírio com cominho

Estes pães são perfeitos para acompanhar molhos, sopas e cozidos. Levemente temperada com cominho, esta versão conta ainda com os benefícios que a cúrcuma proporciona à saúde.

4 UNIDADES
PREPARO 25 minutos, mais 1h15 para a massa crescer
TEMPO DE COZIMENTO 10 minutos, mais o tempo para resfriar

- 1 colher (sopa) de semente de cominho
- 15 g de fermento biológico em pó
- 1 colher (sopa) de mel
- 2 xícaras (250 g) de farinha de trigo branca especial para pães
- 250 g de farinha de trigo integral especial para pães
- 2 colheres (chá) de cúrcuma
- 1 colher (chá) de sal
- 2 colheres (sopa) de azeite, mais um pouco para untar
- 1 colher (sopa) de semente de gergelim

1 Torre as sementes de cominho em uma frigideira em fogo médio, até ficarem perfumadas. Moa usando um pilão. Coloque o fermento e o mel em uma jarra com ⅔ de xícara (150 ml) de água morna e mexa até dissolver. Deixe por 10 minutos ou até espumar.

2 Peneire as farinhas, a cúrcuma, o sal e o cominho em uma tigela. Aos poucos, despeje a mistura de fermento. Junte ⅔ (150 ml) de xícara de água morna e o azeite e mexa até formar uma massa. Sove por 5 minutos, até homogeneizar.

3 Coloque a massa em uma tigela untada e cubra com filme de PVC. Deixe por 1 hora, ou até dobrar de tamanho. Preaqueça o forno a 220°C.

4 Divida a massa em quatro partes iguais. Com um rolo, abra cada uma em formato oval com 2 cm de espessura. Pincele com um pouco de água e polvilhe com sementes de gergelim. Asse direto na grelha do forno por 7-10 minutos, até incharem. Transfira para uma grade, deixe esfriar um pouco e sirva quente, ou espere esfriar completamente (guarde na geladeira, embrulhado, por até 3 dias ou congele por 1 mês).

INFORMAÇÕES NUTRICIONAIS POR PORÇÃO (½ PÃO)
Proteínas 16,1 g **Carboidratos** 86,7 g, dos quais 6,5 g açúcares **Gorduras** 9,2 g, dos quais 1,4 g saturadas **Quilocalorias** 493

BENEFÍCIOS PARA A SAÚDE
A combinação de farinha normal e integral melhora o perfil nutricional e aumenta o teor de fibras solúveis dos pães. A cúrcuma contém curcumina, que possui propriedades anti-inflamatórias e também protege contra o câncer.

Para auxiliar o corpo durante o tratamento

Seja combinada com um tratamento convencional contra o câncer, seja por si só, uma boa alimentação pode contribuir para a sua recuperação. Uma dieta saudável possibilita também aliviar alguns dos efeitos colaterais mais comuns da doença e/ou do tratamento. Alguns alimentos e ervas que fazem parte das refeições podem auxiliá-lo durante essa fase. Neste capítulo há receitas destinadas a combater os sintomas de náusea, perda de apetite, perda de peso, deficiência imunológica, fadiga e problemas digestivos. Renove seu astral com o Energizante de clorofila, saboreie os Biscoitos de gengibre, amêndoa e chocolate para ajudar a controlar a náusea, ou dê uma mão ao sistema imunológico com a deliciosa Salada de macarrão, echalota e shiitake.

Na página ao lado: Canja de galinha, gengibre e missô (p. 146)
Acima: Biscoito de gengibre, amêndoa e chocolate (p. 140)

Suco vegetal de gengibre ▸

2 PORÇÕES de 250 ml
PREPARO 5 minutos

2 cenouras
½ pepino
2 talos de aipo
1 limão-siciliano descascado
3 maçãs
2 cm de gengibre fresco
cubos de gelo, para servir (opcional)

1 Bata todos os ingredientes no liquidificador ou em uma centrífuga. Misture bem e sirva com gelo, se preferir. Beba imediatamente.

INFORMAÇÕES NUTRICIONAIS POR PORÇÃO
Proteínas 2 g **Carboidratos** 19 g, dos quais 18,9 g açúcares
Gorduras 0,6 g, dos quais 0,1 g saturadas **Quilocalorias** 91

BENEFÍCIOS PARA A SAÚDE
O pepino é um hidratante excelente e contém lignanas, que podem ser eficazes contra certos tipos de câncer. Os minerais potássio e sódio estão presentes no aipo e são importantes para regular o equilíbrio de fluidos no corpo.

Gazpacho

1 PORÇÃO de 250 ml
PREPARO 5 minutos

3 tomates holandeses
½ pepino
1 colher (sopa) de coentro picado
½ dente de alho picado
uma pitada de pimenta-de-caiena
¼ de colher (chá) de cominho em pó
1 colher (chá) de óleo de linhaça
1 colher (sopa) de suco de limão
1 pera madura descascada e picada
1 colher (sopa) de sementes ou castanhas para servir

1 Bata todos os ingredientes no liquidificador ou em um processador, até ficar homogêneo. Adicione um pouco de água para diluir, se necessário. Beba imediatamente ou guarde na geladeira por até 1 dia. Sirva com 1 colher (sopa) de sementes ou castanhas.

INFORMAÇÕES NUTRICIONAIS POR PORÇÃO
Proteínas 6,4 g **Carboidratos** 23,6 g, dos quais 21,8 g açúcares
Gorduras 12,4 g, dos quais 1,7 g saturadas **Quilocalorias** 237

BENEFÍCIOS PARA A SAÚDE
Manter-se hidratado e nutrido é importante para controlar a sensação de enjoo. Este gazpacho é rico em eletrólitos – sódio e potássio –, que podem acalmar o estômago e recuperar a energia.

O gengibre é um ótimo remédio natural para aliviar distúrbios digestivos e enjoos.

Pequenos bocados de uma guloseima rica em proteína acalmam a sensação de mal-estar.

Biscoito de gengibre, amêndoa e chocolate

Estes cookies delicados são ideais para um lanche quando você se sentir enjoado ou estiver sem apetite. A combinação perfeita do gengibre com o chocolate é especialmente saborosa.

12 UNIDADES
PREPARO 10 minutos
TEMPO DE COZIMENTO 15 minutos, mais o tempo para resfriar

- 3 xícaras (300 g) de amêndoa moída
- 2 cm de gengibre fresco ralado
- 2 colheres (chá) de gengibre em pó
- ½ colher (chá) de sal marinho
- ½ colher (chá) de bicarbonato de sódio
- 1 xícara (175 g) de gotas de chocolate meio amargo
- ¼ de xícara (50 g) de manteiga de amêndoa ou tahine
- ⅓ de xícara (80 g) de manteiga derretida ou óleo de coco derretido
- 2½ colheres (sopa) de mel

1. Preaqueça o forno a 190°C e forre uma assadeira com papel-manteiga. Coloque as amêndoas em uma tigela com o gengibre fresco e o em pó, o sal, o bicarbonato de sódio e as gotas de chocolate.
2. Misture os ingredientes restantes, depois junte à mistura de amêndoas e gengibre.
3. Enrole a massa em bolas do tamanho de nozes e pressione levemente para formar pequenos cookies. Transfira para a assadeira e leve ao forno por 12-15 minutos, até ficarem levemente dourados. Deixe esfriar na assadeira por 5 minutos e em seguida transfira para uma grade para esfriar completamente antes de servir (guarde em um recipiente hermético por até 1 semana ou congele por 1 mês).

INFORMAÇÕES NUTRICIONAIS POR BISCOITO
Proteínas 6,9 g **Carboidratos** 14,3 g, dos quais 13,5 g açúcares **Gorduras** 27,2 g, dos quais 9,7 g saturadas **Quilocalorias** 329

BENEFÍCIOS PARA A SAÚDE
O teor elevado de proteínas deste biscoito pode ajudar a estabilizar os níveis de açúcar no sangue, aliviando também o mal-estar. As amêndoas são uma ótima fonte de magnésio para o bom funcionamento dos nervos, e contêm também manganês, cobre e riboflavina (B2), nutrientes que contribuem para dar energia.

Shake de mirtilo e abacate

2 PORÇÕES de 250 ml
PREPARO 5 minutos

- ⅓ de xícara (60 g) de amêndoa sem pele
- 1 colher (sopa) de semente de linhaça moída
- ¼ de xícara (30 g) de proteína em pó sabor baunilha (opcional)
- 1 abacate maduro
- 1 xícara (150 g) de mirtilos frescos ou congelados, mais um pouco para servir (opcional)
- 1¼ xícara (300 ml) de água de coco ou água
- ½ xícara (115 ml) de leite de coco
- ½ xícara (115 ml) de suco de maçã
- 2 colheres (chá) de mel (opcional)
- 1 colher (sopa) de óleo de coco (opcional)
- 2 colheres (chá) de cacau em pó ou em lascas

Suave e cremosa graças ao abacate e ao leite de coco, esta vitamina revitalizadora é cheia de gorduras saudáveis, proteínas, vitaminas e minerais. Prepare-a de manhã e beba ao longo do dia para ajudar a manter os níveis de energia.

1 Bata as amêndoas e as sementes em um liquidificador ou processador, até formarem um pó bem fino.

2 Junte os ingredientes restantes e bata até formar um creme leve. Sirva com mirtilos inteiros, se preferir (guarde na geladeira por até 1 dia).

INFORMAÇÕES NUTRICIONAIS POR PORÇÃO

Proteínas 8,1 g **Carboidratos** 31,8 g, dos quais 19,9 g açúcares **Gorduras** 26,9 g, dos quais 7,3 g saturadas **Quilocalorias** 399

BENEFÍCIOS PARA A SAÚDE

O abacate, rico em nutrientes, contém numerosos compostos anti-inflamatórios, entre eles carotenoides, flavonoides, fitoesteróis, ácidos graxos ômega 3 e gorduras monoinsaturadas. Os fitoesteróis, que constituem uma parte importante das gorduras do abacate, ajudam a reduzir a inflamação. A fruta também contém o ácido oleico, que ajuda o corpo a absorver os carotenoides e outros nutrientes lipossolúveis. A mistura incomum de nutrientes anti-inflamatórios e antioxidantes encontrada no abacate é a base de suas ricas propriedades anticancerígenas.

Skakes e vitaminas são ideais durante o tratamento, pois fornecem uma refeição nutritiva em um copo.

Mingau de aveia, amêndoa e pera

4 PORÇÕES
PREPARO 5 minutos
TEMPO DE COZIMENTO 10 minutos

- 2 xícaras (200 g) de aveia em flocos ou aveia sem glúten
- 2 peras maduras, sem o miolo e picadas
- 3½ xícaras (875 ml) de leite de amêndoa ou de coco
- 2 colheres (chá) de canela em pó
- ¾ de xícara (80 g) de amêndoa moída
- ⅓ de xícara (100 ml) de creme de aveia ou creme de coco
- 2 colheres (sopa) de semente de linhaça moída
- 1½ colher (sopa) de amêndoa picada ou fatiada

Um mingau quentinho, rico em gorduras e proteínas saudáveis é uma ótima maneira de começar o dia. As castanhas e as sementes são fontes de proteínas, e o leite de amêndoa e o creme de aveia enriquecem o mingau. Rende um café da manhã regenerador e apetitoso para ajudar a manter a energia durante a manhã. O mingau pode ser feito com antecedência e reaquecido com um pouco mais de leite de amêndoa.

1. Coloque a aveia, a pera, o leite e a canela em uma panela. Leve à fervura lentamente, abaixe o fogo e cozinhe por 6-7 minutos, mexendo sempre, até a aveia ficar macia e a mistura engrossar.
2. Misture a amêndoa moída, o creme de aveia e a linhaça, e mexa bem. Distribua em tigelinhas e polvilhe com a amêndoa picada para servir.

INFORMAÇÕES NUTRICIONAIS POR PORÇÃO

Proteínas 13,9 g **Carboidratos** 54,4 g, dos quais 21,4 g açúcares **Gorduras** 29,9 g, dos quais 9,3 g saturadas **Quilocalorias** 542

BENEFÍCIOS PARA A SAÚDE

As peras garantem uma doçura natural e, ao mesmo tempo, têm um índice glicêmico baixo. Elas são ricas em fibras solúveis, que sustentam os níveis de açúcar no sangue e ajudam na saúde digestiva. A adição de amêndoas nesta receita gera uma boa fonte de proteínas e nutrientes como o manganês e o cobre, que protegem contra o câncer. Esses minerais são importantes para a produção de uma enzima oxidativa essencial, o superóxido dismutase, que pode proteger contra os danos provocados pelos radicais livres.

Barrinha de castanha-de-caju e sementes

8 UNIDADES
PREPARO 10 minutos, mais 1 h para resfriar

- 1¼ xícara (175 g) de castanha-de-caju
- ⅓ de xícara (50 g) de semente de gergelim
- 1 colher (sopa) de semente de linhaça moída
- ¼ de xícara (30 g) de proteína em pó sabor baunilha ou coco ralado sem açúcar
- 2 colheres (chá) de suplemento alimentar verde em pó à sua escolha (opcional)
- ¾ de xícara (150 g) de damasco seco
- 1 colher (sopa) de suco de maçã, se necessário

Estas barrinhas são simples de preparar e fornecem proteínas e nutrientes valiosos. A proteína auxilia na recuperação durante o tratamento e ajuda a manter uma boa massa muscular – está presente nas nozes, nas sementes e na proteína em pó. As castanhas também contêm gorduras saudáveis e minerais, tais como cobre, manganês, cálcio e magnésio.

1. Forre uma assadeira com papel-manteiga. Bata as castanhas no liquidificador ou em um processador, até moer grosseiramente. Despeje em uma tigela e adicione as sementes de gergelim e de linhaça.
2. Bata a proteína em pó, o pó verde (se for usar) e o damasco em um processador, até formar uma massa pegajosa. Adicione suco de maçã, se necessário, para dar liga à massa. Junte as castanhas e sementes e misture bem com as mãos, até formar uma massa lisa.
3. Coloque a massa na assadeira preparada e pressione-a com as mãos para formar um retângulo de 2 cm de espessura. Leve à geladeira por 1 hora para firmar um pouco. Corte em oito barrinhas para servir (guarde na geladeira por até 1 semana ou congele por 1 mês).

INFORMAÇÕES NUTRICIONAIS POR BARRINHA
Proteínas 7,7 g **Carboidratos** 13,4 g, dos quais 9,5 g açúcares **Gorduras** 15,6 g, dos quais 2,9 g saturadas **Quilocalorias** 225

BENEFÍCIOS PARA A SAÚDE
O consumo de um suplemento alimentar verde em pó, como a spirulina ou a chlorella, aumenta a ingestão de nutrientes. Ricos em clorofila, esses pós alcalinizam e são desintoxicantes bastante potentes.

Nada melhor que uma canja caseira
para reconfortar e curar.

Canja de galinha, gengibre e missô

6 PORÇÕES
PREPARO 15 minutos
TEMPO DE COZIMENTO 2h20

Uma canja de galinha feita em casa mantém tudo o que há de bom na carne e nos legumes, além de ser deliciosa! Esta versão leva pimentão vermelho, alho e gengibre, de ação anti-inflamatória, e shiitake, que ajuda o sistema imunológico. A sopa pode ser congelada em várias porções, tornando este prato ideal para dias mais corridos.

1 frango de 1 kg-1,3 kg
1 colher (chá) de pimenta-do-reino
6 cm de gengibre fresco fatiado
1 cebola grande fatiada
4 dentes de alho amassados
2 colheres (sopa) de molho de peixe tailandês (nam pla), ou a gosto
um punhado de folhas de espinafre ou 1 couve-chinesa
3⅓ xícaras (300 g) de broto de feijão
1 cebola roxa finamente picada
1 pimentão vermelho sem sementes cortado em tiras finas (opcional)
6 shiitakes fatiados
um pouco de suco de limão
1 colher (sopa) de pasta de missô branco
folhas de um maço de coentro

1 Para o caldo, coloque o frango em uma panela grande e cubra com 12 xícaras (3 litros) de água. Adicione a pimenta-do-reino, metade do gengibre, a cebola e 2 dentes de alho, e leve à fervura. Reduza para fogo baixo e acrescente o molho de peixe. Cozinhe por 1 hora ou até que a carne esteja macia.
2 Retire o frango e desfie a carne. Devolva os ossos ao caldo e cozinhe por mais 1 hora. Coe e reserve. Descarte os legumes e ossos.
3 Aqueça o caldo novamente por 10 minutos. Junte o gengibre restante, o frango, o espinafre, o broto de feijão, a cebola, o pimentão (se for usar), o alho restante e os cogumelos. Ferva por 2-3 minutos e adicione o suco de limão, o missô e o coentro. Junte mais molho de peixe, se necessário. Mexa por 1 minuto e sirva em seguida (guarde na geladeira por até 3 dias ou congele por 1 mês).

INFORMAÇÕES NUTRICIONAIS POR PORÇÃO
Proteínas 34,7 g **Carboidratos** 10,2 g, dos quais 7,7 g açúcares **Gorduras** 24 g, dos quais 6,4 g saturadas **Quilocalorias** 396

BENEFÍCIOS PARA A SAÚDE
O frango é uma fonte de proteína de fácil digestão, de selênio e da niacina, uma vitamina do complexo B que protege contra o câncer. O selênio induz a reparação e a síntese do DNA nas células danificadas, inibindo a proliferação das células cancerosas.

Salada de macarrão, echalota e shiitake

4 PORÇÕES
PREPARO 20 minutos, mais 15 minutos para demolhar
TEMPO DE COZIMENTO 30 minutos

12 echalotas cortadas ao meio, se forem grandes
1 colher (sopa) de azeite
1 colher (sopa) de vinagre balsâmico
15 g de alga marinha dulse seca
400 g de macarrão de arroz ou de algas
12 aspargos frescos
1 pimentão vermelho sem sementes e cortado em palitos
8 shiitakes fatiados
pimenta-do-reino moída na hora

Molho
2 colheres (sopa) de azeite
2 colheres (sopa) de óleo de gergelim
3 colheres (sopa) de vinagre balsâmico
3 colheres (sopa) de tamari ou shoyu
uma pitada de pimenta vermelha em flocos (opcional)
2 colheres (chá) de mel
1 dente de alho picado
1 cm de gengibre fresco ralado
um punhado de coentro picado

O macarrão de arroz combina com um molho balsâmico marcante, pois absorve os sabores fortes. Com shiitake, aspargos e echalotas, rende uma salada gostosa. Uma alga marinha de sabor leve, a dulse, é adicionada pela sua riqueza em minerais. Um pequeno punhado já é suficiente, pois ela incha ao ser hidratada. Para a proteína, junte alguns pedaços de salmão ou truta cozidos.

1 Preaqueça o forno a 180°C. Coloque a echalota em uma assadeira e regue com o azeite e o vinagre. Asse por 30 minutos até dourar. Enquanto isso, mergulhe a dulse em água por 15 minutos, depois escorra e pique.

2 Misture todos os ingredientes do molho e reserve. Mergulhe o macarrão por 3 minutos na água ou siga as instruções da embalagem, depois escorra e reserve em uma tigela grande.

3 Corte os aspargos na diagonal em pedaços de 2 cm e coloque em uma panela de cozimento a vapor em fogo alto por 1 minuto, ou até ficar macio. Escorra e passe pela água fria. Disponha os aspargos e as echalotas na tigela e adicione os ingredientes restantes. Regue com o molho e misture bem. Tempere com pimenta e sirva (guarde na geladeira, sem o molho, por até 3 dias).

INFORMAÇÕES NUTRICIONAIS POR PORÇÃO
Proteínas 7 g **Carboidratos** 73,5 g, dos quais 7,1 g açúcares **Gorduras** 11,7 g, dos quais 1,7 g saturadas **Quilocalorias** 462

BENEFÍCIOS PARA A SAÚDE
O shiitake é um imunomodulador poderoso, que melhora a atividade das células do sistema imunológico na tarefa de reconhecer e destruir as células cancerosas. Algas marinhas – dulse e macarrão com alga – têm abundância de iodo, importante na prevenção do câncer de mama.

Aproveite as vantagens do shiitake e das algas marinhas para reforçar a imunidade.

Eleve seus níveis de energia com o que a beterraba, o pepino e a maçã podem oferecer.

Energizante de clorofila

1 PORÇÃO de 250 ml
PREPARO 5 minutos

1 maçã verde
1 talo de aipo
um punhado de espinafre
1 maço de grama de trigo ou um cubo de clorofila congelada
½ limão-siciliano
cubos de gelo, para servir (opcional)

1 Bata todos os ingredientes no liquidificador ou na centrífuga. Sirva com gelo, se quiser. Beba imediatamente.

INFORMAÇÕES NUTRICIONAIS POR PORÇÃO
Proteínas 4,2 g **Carboidratos** 9,6 g, dos quais 9,1 g açúcares
Gorduras 0,6 g, dos quais 0,1 g saturadas **Quilocalorias** 61

BENEFÍCIOS PARA A SAÚDE
A grama de trigo, também conhecida como clorofila, contém pelo menos treze vitaminas (incluindo antioxidantes e a vitamina B12), minerais e oligoelementos, entre eles o selênio. Ela também é uma fonte completa de aminoácidos (os "tijolos" que constroem a proteína). A clorofila tem quase a mesma estrutura molecular da hemoglobina e ajuda a oxigenar o corpo.

Suco de beterraba revitalizante

1 PORÇÃO de 250 ml
PREPARO 5 minutos

2 maçãs
1 beterraba crua (cerca de 150 g)
½ pepino
½ limão-siciliano descascado

1 Bata todos os ingredientes no liquidificador ou na centrífuga. Beba imediatamente.

INFORMAÇÕES NUTRICIONAIS POR PORÇÃO
Proteínas 4,3 g **Carboidratos** 27,2 g, dos quais 26,9 g açúcares
Gorduras 0,6 g, dos quais 0 g saturadas **Quilocalorias** 133

BENEFÍCIOS PARA A SAÚDE
Estudos têm demonstrado que a beterraba pode aumentar os níveis de óxido nítrico no corpo, o que estimula o fluxo sanguíneo, os hormônios e a sinalização celular.

Sopa verde energizante

4 PORÇÕES
PREPARO 10 minutos
TEMPO DE COZIMENTO 4 minutos

2 cebolinhas
½ abacate maduro
2 peras maduras sem o miolo
¾ de pepino
1 talo de aipo
2 colheres (sopa) de suco de limão-siciliano
1 colher (sopa) de hortelã picada, mais um pouco para servir
60 g de folhas de espinafre ou agrião
2 colheres (chá) de cominho em pó
uma pitada de pimenta-de-caiena
uma pitada de sal marinho
1 colher (sopa) de tamari ou shoyu
1 xícara (250 ml) de água de coco, água comum ou caldo de legumes
pimenta-do-reino moída na hora
cebolinha fatiada, para servir

A refeição perfeita para quando você se sentir cansado demais para cozinhar: uma sopa leve, nutritiva e muito rápida, que pode ser servida quente ou fria. A pera dá uma doçura natural que equilibra o sabor marcante do espinafre, rico em nutrientes. Os vegetais "hidratantes" – ricos em eletrólitos, especialmente potássio – mantêm os fluidos do corpo equilibrados.

1 Bata todos os ingredientes no liquidificador ou no processador, até ficar homogêneo. Se for servir quente, despeje a sopa em uma panela e aqueça em fogo brando por 3-4 minutos, mexendo ocasionalmente.

2 Sirva polvilhado com hortelã picada e cebolinha, e tempere com pimenta-do-reino (guarde na geladeira por 1 dia).

INFORMAÇÕES NUTRICIONAIS POR PORÇÃO
Proteínas 1,3 g **Carboidratos** 8,1 g, dos quais 8 g açúcares **Gorduras** 2,9 g, dos quais 0,5 g saturadas **Quilocalorias** 63

BENEFÍCIOS PARA A SAÚDE
O espinafre é uma fonte rica de folato e também contém vitamina B6. O folato, junto com a B6 e a metionina, pode ajudar o corpo a proteger e reparar o DNA e, portanto, esses nutrientes desempenham um papel importante para inibir o desenvolvimento do câncer. Vitaminas do complexo B também são necessárias para a produção de energia. Esta sopa agrega fitonutrientes e alguns carotenoides especiais anticâncer chamados epóxi-xantofila.

Salada de fígado de galinha

Nesta salada as verduras ricas em nutrientes contrastam com a doçura da maçã e a crocância das nozes. O fígado combina perfeitamente com o molho marcante. Prefira fígado orgânico, se possível, pois seus benefícios à saúde são maiores.

4 PORÇÕES
PREPARO 10 minutos
TEMPO DE COZIMENTO 10 minutos

¾ de xícara (100 g) de nozes ou nozes-pecãs
400 g de fígado de galinha
1 pé de alface romana grande
dois punhados pequenos de agrião
1 maçã cortada em cubos
2 talos de aipo finamente picados
2 colheres (sopa) de salsinha picada
1 colher (sopa) de azeite, manteiga clarificada ou óleo de coco
sal marinho e pimenta-do-reino moída na hora

Molho com vinagre de maçã
2 colheres (sopa) de vinagre de maçã
1 colher (chá) de mostarda de Dijon
5 colheres (sopa) de azeite

1 Torre ligeiramente as nozes em uma frigideira em fogo médio por 1 minuto, mexendo sempre, e pique-as grosseiramente. Reserve. Retire o tendão dos fígados e corte-os ao meio, se estiverem grandes. Tempere com sal e pimenta e reserve.

2 Rasgue a alface e o agrião e coloque em uma tigela com a maçã, o aipo e a salsinha. Misture bem os ingredientes do molho e tempere com sal e pimenta. Despeje 1-2 colheres (sopa) sobre as folhas e misture um pouco para revesti-las. Junte as nozes e misture levemente. Divida em quatro pratos.

3 Aqueça o azeite em uma frigideira grande de fundo grosso em fogo médio. Frite o fígado por 3-4 minutos de cada lado, até dourar por fora e ficar cozido por dentro. Retire do fogo e disponha sobre as folhas da salada.

4 Coloque o molho restante na frigideira. Deixe borbulhar durante alguns segundos, regue a salada com ele e sirva (guarde na geladeira sem o molho por até 1 dia).

INFORMAÇÕES NUTRICIONAIS POR PORÇÃO
Proteínas 22,9 g **Carboidratos** 4,5 g, dos quais 4,4 g açúcares **Gorduras** 33,6 g, dos quais 6,3 g saturadas **Quilocalorias** 412

BENEFÍCIOS PARA A SAÚDE
O fígado de galinha é um alimento excepcionalmente rico em nutrientes, uma ótima fonte de zinco, vitaminas A e B12, cobre, selênio e proteína, e uma boa fonte de ferro – que é especialmente importante para aliviar a fadiga e energizar o corpo.

Reforço de coco e cacau

2 PORÇÕES
PREPARO 5 minutos

2 colheres (chá) de cacau em pó
1 colher (chá) de raiz de maca em pó
1 colher (sopa) de semente de linhaça moída
1 xícara (250 ml) de leite de coco
1 xícara (250 ml) de água de coco ou água
2 colheres (chá) de óleo de coco (opcional)
1 banana
2 colheres (sopa) de sementes variadas ou castanhas, para servir

1 Bata todos os ingredientes no liquidificador ou em um processador, até ficar homogêneo. Beba imediatamente ou guarde na geladeira por até 1 dia. Para servir quente, aqueça a bebida ligeiramente em uma panela sem deixar ferver. Sirva cada copo com 1 colher (sopa) de sementes ou castanhas.

INFORMAÇÕES NUTRICIONAIS POR PORÇÃO
Proteínas 4,5 g **Carboidratos** 28 g, dos quais 16 g açúcares
Gorduras 7,3 g, dos quais 3,4 g saturadas **Quilocalorias** 194

BENEFÍCIOS PARA A SAÚDE
A maca é uma raiz peruana que pode ser comprada em forma de pó. Ela é usada tradicionalmente para ajudar o corpo em momentos de estresse (e também pode ser utilizada em bolos).

Creme de chia com papaia ▸

2 PORÇÕES
PREPARO 5 minutos, mais 15 minutos para demolhar

4 colheres (sopa) de semente de chia
6 tâmaras secas sem caroço
⅔ de xícara (90 g) de castanha-de-caju
uma pitada de canela
uma pitada de sal marinho
1 mamão papaia maduro fatiado
2 colheres (sopa) de coco em lascas

1 Deixe as sementes de chia de molho em água por 15 minutos. Bata todos os ingredientes, exceto o mamão e o coco, em um liquidificador ou processador com 2 xícaras (500 ml) de água, até ficar homogêneo. Sirva decorado com o mamão e o coco (guarde na geladeira por até 1 dia).

INFORMAÇÕES NUTRICIONAIS POR PORÇÃO
Proteínas 7,5 g **Carboidratos** 18,1 g, dos quais 6,3 g açúcares
Gorduras 20,2 g, dos quais 6,6 g saturadas **Quilocalorias** 281

BENEFÍCIOS PARA A SAÚDE
Sementes de chia são ricas em ômega 3, proteínas fáceis de digerir e fibras. O mamão papaia contém antioxidantes protetores e uma enzima digestiva, a papaína.

O bom funcionamento digestivo é fundamental para a saúde e o bem-estar.

Excelente sabor e um
alívio para a digestão.

Arroz-doce com coco

Dourar o arroz na manteiga desperta um perfume incrível, complementado pelo sabor do melado, que dá um toque de doçura a esta sobremesa e fornece ainda potássio, cálcio e ferro. Vitaminas do complexo B, fibras solúveis e carboidratos complexos de liberação lenta também estão presentes nesta receita.

6 PORÇÕES
PREPARO 5 minutos
TEMPO DE COZIMENTO
50 minutos, mais 5 minutos para descansar

- 2 colheres (sopa) de manteiga ou óleo de coco
- 350 g de arroz integral de grão longo
- 5 xícaras (1,25 litro) de leite de coco
- 1 colher (chá) de extrato de baunilha
- 1 pau de canela quebrado ao meio
- raspas e suco de 1 limão-siciliano, mais algumas raspas para servir (opcional)
- 1 colher (sopa) de melado
- 1 colher (sopa) de semente de linhaça moída
- ½ xícara (30 g) de coco em lascas, mais um pouco para servir (opcional)
- 20 g de chocolate amargo (com pelo menos 75% de cacau) ralado

1. Aqueça a manteiga em uma panela grande em fogo médio e adicione o arroz. Mexa para revestir de manteiga por 2-3 minutos.
2. Despeje o leite de coco, o extrato de baunilha, a canela, o suco e as raspas de limão. Leve à fervura, abaixe o fogo e cozinhe por 30 minutos, mexendo ocasionalmente.
3. Adicione o melado, a linhaça, as lascas de coco e boa parte do chocolate e deixe cozinhar por mais 10-15 minutos, mexendo de vez em quando. O arroz deve ficar bem macio e o líquido deve ser quase totalmente absorvido. Retire a panela do fogo e deixe o arroz coberto por 5 minutos. Sirva quente ou gelado. Se quiser, polvilhe com o chocolate restante, algumas lascas de coco e raspas de limão (você pode colocar todo o chocolate no início do passo 3, se preferir. Guarde na geladeira por até 2 dias).

INFORMAÇÕES NUTRICIONAIS POR PORÇÃO

Proteínas 5,4 g **Carboidratos** 57,7 g, dos quais 13,8 g açúcares **Gorduras** 9,9 g, dos quais 6,5 g saturadas **Quilocalorias** 342

BENEFÍCIOS PARA A SAÚDE

A fibra solúvel do arroz é suave para o sistema digestório e útil para aliviar prisão de ventre e diarreia. O leite e o óleo de coco proporcionam uma fonte de ácido láurico, para a saúde imunológica, e de ácido caprílico, para ajudar o intestino.

Biscoito italiano com pasta de feijão-branco

6 PORÇÕES
PREPARO 15 minutos
TEMPO DE COZIMENTO
45 minutos, mais o tempo para resfriar

1½ xícara (250 g) de semente de linhaça
⅓ de xícara (50 g) de amêndoa
1 pimentão vermelho sem sementes e picado
1 tomate picado
1 ovo
raspas e suco de ½ limão-siciliano
½ xícara (60 g) de azeitona preta sem caroço
1 colher (sopa) de manjericão picado
sal marinho e pimenta-do-reino moída na hora

Pasta de feijão
250 g de feijão-branco cozido e escorrido
1 colher (chá) de cúrcuma
2 dentes de alho
½ colher (chá) de cominho em pó
1 colher (sopa) de suco de limão
cerca de 2 colheres (sopa) de azeite
1 colher (sopa) de salsinha picada

Assar estes biscoitos em fogo baixo preserva o seu conteúdo de ômega 3. Sirva-os como um petisco ou refeição leve. Contém cúrcuma, protetor contra o câncer.

1 Preaqueça o forno a 150°C e forre uma assadeira com papel-manteiga. Moa bem as sementes de linhaça e as amêndoas em um processador ou liquidificador. Adicione o pimentão e o tomate e bata até misturar bem.
2 Adicione o ovo, as raspas e o suco de limão e tempere com sal e pimenta. Bata para formar uma massa espessa. Junte a azeitona, misture o manjericão e pulse mais um pouco.
3 Usando uma espátula e as mãos molhadas, espalhe a mistura na assadeira deixando 5 mm de espessura. Marque os quadrados na massa. Asse por 40-45 minutos, até dourar e ficar crocante.
4 Coloque todos os ingredientes da pasta de feijão em um processador e tempere com sal e pimenta. Bata até ficar homogêneo. Junte um pouco mais de azeite, se necessário.
5 Quebre a mistura de linhaça em biscoitos individuais ao longo dos cortes e deixe esfriar sobre uma grade. Sirva com a pasta (armazene os biscoitos em um recipiente hermético por até 4 dias e guarde a pasta na geladeira por até 3 dias).

INFORMAÇÕES NUTRICIONAIS POR PORÇÃO DE BISCOITO
Proteínas 3,3 g **Carboidratos** 4,4 g, dos quais 1,1 g açúcares **Gorduras** 7,6 g, dos quais 0,8 g saturadas **Quilocalorias** 95

INFORMAÇÕES NUTRICIONAIS POR PORÇÃO DE PASTA
Proteínas 2,4 g **Carboidratos** 4,7 g, dos quais 0,5 g açúcares **Gorduras** 3,3 g, dos quais 0,5 g saturadas **Quilocalorias** 57

BENEFÍCIOS PARA A SAÚDE
O teor de fibras melhora toda a saúde digestiva, o que é especialmente importante para reduzir o risco de câncer do intestino.

Um petisco saudável para ajudar a manter seu corpo energizado.

Índice